엄마의
마음챙김

엄마의 마음챙김

1판 1쇄 인쇄 2022년 6월 20일
1판 1쇄 발행 2022년 6월 25일

지은이 민지울
펴낸이 오형선

펴낸곳 생각수레
출판등록 2009년 5월 1일 제25100-2009-000027
주소 세종특별자치시 한누리대로 237, 3층 12호
전화 070-8277-4048
팩스 02-6280-2964

전자우편 sunnbooks@naver.com
홈페이지 www.sunnbooks.com

이 책은 저작권법에 따라 보호받는 저작물이므로 무단전재와 무단복제를 금지하며, 이 책 내용의 전부 또는 일부를 이용하려면 반드시 저작권자와 썬앤북스의 서면동의를 받아야 합니다.

* 책값은 뒤표지에 있습니다.   * 잘못된 책은 구입하신 곳에서 바꿔드립니다.

> 썬앤북스(Sun&Books)는 독자 여러분의 책에 관한 아이디어와 원고 투고를 기다립니다. 책으로 엮기를 원하는 기획안이나 원고가 있으신 분은 이메일(sunnbooks@naver.com)로 간단한 개요와 취지, 연락처를 보내 주십시오. 저희의 문은 언제나 열려있습니다. 감사합니다.

엄마의
마음챙김

민지울 지음

생각수레

CONTENTS

1장 엄마의 마음은 치유가 필요해

'Happily ever after'는 육아에 없다 … 11
매일 멘탈이 탈탈 털리는 독박육아 일상 … 18
좋은 엄마가 될 줄 알았다 … 25
그거, 우울증이에요 … 31
이러다 내가 사라지는 것은 아닐까 … 37
이제 나를 치유할 시간 … 43
무게중심이 나라야 흔들리지 않는다 … 49
진짜 나를 찾아가는 여정 … 56

2장 마음을 들여다보며 발견한 것들

나를 향한 비판을 내려놔라 … 65
과거의 문을 닫고 현재의 문을 열어라 … 71

착한 아이 콤플렉스 벗어나기 … 78
불행해지고 싶다면 비교하라 … 84
감정은 무죄, 판단은 유죄 … 90
두려움에서 벗어나는 유일한 방법 … 97
네 마음은 네 것, 내 마음은 내 것 … 104
미안해, 나를 사랑하지 못해서 … 111

3장 마음챙김을 위한 환경 설정

나만의 꿈 가계부 쓰기 … 121
좋아하는 것만 하는 시간을 만들어라 … 127
엄마도 식탁 말고 책상이 필요해 … 134
관계는 선택하고, 거리는 조절하라 … 140
지금보다 즐거운, 불량 육아 … 147
내가 먼저 변해야 한다 … 154

CONTENTS

 4장 엄마의 마음챙김 방법

용기는 결심이 아니라 행동이다 … 163

오늘의 습관이 10년 후 나를 만든다 … 170

하루 3분, 마음 디톡스 명상법 … 177

긍정 확언, 꿈을 로켓 배송하는 방법 … 184

마음의 먼지를 털어내는 일기 쓰기 … 191

삶을 바꾸는 진짜 독서법 … 198

돈 안 드는 온라인 집 짓기 … 206

나를 숨쉬게 하는 동네 한 바퀴 산책 … 214

진짜 좋아하는 일에 몰입하기 … 221

마음챙김을 위한 엄마의 시간 다이어트 … 228

5장 진짜 '나'를 찾아가는 여정

말 한마디의 치유법 … 239
소원을 들어주는 지니는 바로 나 … 246
진짜 행복해지기 위한 엄마의 부자 상상 … 252
내향인 엄마로 사는 법 … 259
엄마라는 축복 … 265
나부터 행복해야 한다 … 271
감사는 불안을 잠재운다 … 278
꿈에게 미안해 하지 말기로 해 … 285
삶의 핵심은 '살아감' … 292

나가는 글 … 298

> 나는 엄마라는 울퉁불퉁한 흙길을 만났다.
> 그 길에는 이정표도 없고 지름길도 없다.
> 하지만 이 흙길에서 내 인생의 의미를 찾을 수 있었다.
> 그리고 보이지 않던 하나의 길이 끝없이 펼쳐졌다.
> 진짜 나를 찾는 여정이 기다리고 있었다.

1장

엄마의 마음은 치유가 필요해

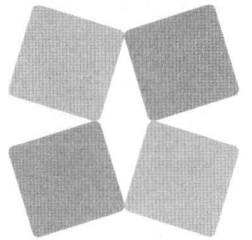

'Happily ever after'는 육아에 없다

"선생님, 마취 좀 해주세요. 제발."

"오, 하느님. 제발 저 좀 살려주세요."

차가운 수술대에서 이성을 잃고 소리를 치는 사람이 바로 나일 줄이야. 불과 몇 시간 전만 해도 전혀 상상할 수 없던 일이 일어나고 있었다. 엄마라면 누구나 자신의 출산 장면을 상상해볼 것이다. 나 또한 그랬다. 조용한 음악이 나오는 분만실, 간호사와 의사의 헌신적인 도움, 힘겨운 심호흡 끝에 들려오는 아이의 울음소리, 그리고 남편은 이 감격스러운 상황에 북받쳐 흐르는 눈물을 감추지 못하는 그런 장면 말이다. 아쉽지만 출산은 나의 상상과는 많이 달랐다.

열 달의 임신 기간도 끝이 나려나 보다. 출산이 임박하자, 나는 남편과 상의해 친정에 머물렀다. 예정일이 하루 지나자, 드디어 진통이 시작되었다. 진통 간격이 10분, 8분, 7분으로 줄어들기 시작했다.

"엄마, 이제 진통이 시작되나 봐. 병원에 가야 할 거 같은데?"

"아이고. 무슨 벌써 병원이야. 작은 언니, 병원에서 더 아프면 오라고 해서 헛걸음했던 기억 안 나?"

둘째 언니가 조카를 출산하던 날, 병원에서는 언니에게 진통이 더 심해지면 다시 오라고 퇴짜를 놓았었다. 그래서 나는 점점 거세지는 진통을 견뎌 보기로 했다. 진짜 진통이 시작된 지 꼬박 이틀째였다. 새벽 3시, 배가 무거워 소파 위에서 자고 있었다. 갑자기 뭔가 뜨거운 것이 흐르는 게 느껴졌다. 말로만 듣던 양수가 터진 것이었다. 그 순간, 나는 그간 지켜왔던 자제력을 잃기 시작했다. 혹시 아이가 잘못되는 것이 아닌가 싶어 눈물부터 났다.

"무슨 일이야?"

잠이 깬 부모님이 나를 진정시켰다. 우리는 싸두었던 출산 가방을 차에 싣고, 부랴부랴 병원으로 향했다. '이제 병원에서 알아서 다 해주겠지?' 하지만 예상과 달리 병원에서 모든 것을 알아서 해야 할 사람은 바로 나였다. 병원은 이미 출산이 임박한 산모들이 차례로 대기 중이었다. 그곳에서 더 특별한 사람은 없었다. 나는 수많은 산모 중 하나일 뿐이었다. 속으로 나는 생각했다. '아니, 곧 새 생명이 이 세상에 탄생한다고요. 그런데 왜 이렇게 다들 아무렇지 않은 거예요?'

엄마와 남편, 간호사까지 모두 이구동성으로 외치는 듯했다. '이제 너만 힘을 주면 돼! 넌 엄마잖아.'

"산모님, 조금만 힘을 주세요. 자궁문이 활짝 열려 있어요."

어느새 간호사가 내 배 위에 올라타고 있었다. 그리고 뒤늦게 도착한 의사는 낯선 기구로 아이의 머리를 끄집어내고 있었다. 무통 주사는 그 효력을 잃은 지 오래였다. 나는 지속된 진통에 지칠 대로 지쳤다. 아이는 도무지 나올 기미가 보이지 않았다. 나는 이성을 잃을 지경이었다. 하늘이 노래졌다. 엄마도, 남편도, 의사도 눈에서 희미해져 갔다.

"음……. 아이 머리가 너무 큰 데다, 옆으로 누워 있어서 내려오기가 힘들어요. 이러다 산모와 아이가 다 위험할 수 있어요. 빨리 수술 결정을 내려야 할 것 같아요."

"네. 수술해 주세요. 제발, 빨리요!"

오랫동안 자연분만을 준비했던 나의 대답치고는 너무나 허탈했다. 그리고 나는 서서히 마취에 정신을 잃고, 고통도 잊어갔다.

"산모님. 3.73킬로그램, 건강한 아이입니다."

'맞아. 내가 아이를 낳았지?' 눈을 떠 보니 내 옆에 한 아기가 있었다. 이 아이가 내 배 안에서 열 달을 함께한 존재라니, 생각보다 작고 귀여웠다. 그렇게 아이와의 첫 대면이 끝났다. 곧이어 아기는 아기들끼리, 산모는 산모들끼리 나뉘어 옮겨졌다. 마취가 풀리자 통증이 느껴지기 시작했다. 갈라진 배는 아무는 고통이 상당했다. 하지만 움직일 때마다 나도 모르게 '억' 소리 나게 하는 허리의 통증이 더 어마어마했다. 의사는 갈라진 배로 바람이 들어갔기 때문이라고 했다. 배의 상처가 아물고, 허리의 바람이 빠지기까지는 2주가 걸렸다. 그래도 나는 내심 기대가 있었다. '그간 늘어난 내 몸무게도 제자리를 찾았겠지?' 복도 위에 있던 체중계에 올라섰다. 나는 내 눈을 의심하지 않을 수 없었다. 몸무게는 전혀 줄어들지 않았고, 오히려 더 늘어나 있었다. 나는 아이를 낳기만 하면 모든 것이 제자리로 돌아갈 것이라고 생각했다. 그런데 출산 후의 나는 확연히 다른 존재가 되어 있었다. 그렇다. 임신 기간의 변화는 그저 예고에 불과했던 것이었다. 이제 진짜 변화가 시작될 것이라는 예감이 들었다.

    그날 밤, 처음 겪는 젖몸살에 놀라 잠이 깨었다. 더 이상한 것은 아이가 보고 싶은 마음에 눈물이 터져 나온 것이었다. 아이와 떨어지면 홀가분하리라 기대했던 나인데, 정작 혼자 있으니 그렇게 외로울 수가 없었다. 새로운 몸의 감각과 온갖 감정들이 뒤섞여 폭풍우처럼 밀려오던 밤이 지나갔다. 병원에 온 지 24시간이 흘렀다. 그리고 결혼식을 한 지 10개월이 되던 날이었다. 그렇게 3.73kg의 아이가 나간 자리에는 37년의 삶을 송두리째 바꾸어 놓을 거대한 엄마라는 세계가 들어오고 있었다.

"내 곁에서 숨만 쉬고 있으면 돼."

장거리 연애에 지친 우리가 결혼을 고민하던 즈음 남편이 내게 한 말이다. 늦은 나이에 만나 서울과 부산을 오가던 장거리 연애에 지친 우리는 결혼하는 것이 좋겠다고 생각했다. 하지만 결정이 쉽지는 않았다. 나는 부모님과 오랫동안 타지에서 떨어져 있었다. '이제 겨우 다시 고향에 정착했는데, 서울로 떠난다니…….' 그간 더 연로해지신 부모님 생각에 걱정도 되었다. 하지만 남편의 드라마틱한 고백에 나는 결혼을 결심했다.

여느 때처럼 저녁을 준비하시던 엄마가 나를 부르셨다.

"민지야. 이리 와봐. 너 주려고 내가 모아 놓은 접시들이야."

언제 이런 예쁜 접시며, 무거운 냄비들을 쌓아두셨는지 놀랄 따름이었다. 그저 신이 난 나에게 엄마는 혼잣말처럼 한마디 하셨다.

"너는 내 곁에 있을 줄 알았지."

'제발 결혼해서 날 좀 떠나라'던 엄마, '평생 엄마랑 살 거야'라고 외치던 나, 매일같이 우리는 실랑이를 벌여 왔다. 그날 밤, 내 마음은 다시 갈대처럼 흔들렸다. 신혼살림을 살 기대에 부풀어 허전해 하는 엄마는 안중에 없었다. 미안함이 밀려왔다. 하지만 속으로 생각했다. '엄마, 두고 보세요. 더 행복해지려고 가는 거예요. 엄마도 딸이 더 행복해지는 게 좋잖아요.'

나는 결혼과 동시에 임신을 하고, 출산을 했다. 결혼에 익숙해지기도 전에 부모가 되었다. 나도 남편도 새롭게 처한 각자의 자리에서 열심히 노력했다. 하지만 사업을 하는 남편은 나의 예상보다 훨씬 바빴다. 하루 12시간 근무에, 집에는 이틀에 한 번꼴로 들어왔으니 말이다. '내년에는 조금 더 여유로울 수 있을까?' 하지만 나의 기대는 매번 무참히 무너졌다. 남편의 얼굴은 나보다 더 피곤해 보였다. 일하는 남편, 육아하는 엄마에게 여유는 사치처럼 느껴졌다.

아이가 태어나기 전 우리는 밤새 대화하다 지쳐 잠들곤 했다. 하지만 아이를 출산하고, 본격 육아가 시작되면서 우리는 급속도로 할 말이 줄어들었다. 나는 남편이 빨리 퇴근해서, 육아에서 나를 구해주기를 목 빠지게 기다리곤 했다. 하지만 남편이 집에 와도 할 수 있는 일은 별로 없었다. 아이는 엄마인 나만 찾으니 말이다. 그러다 보니 나는 점점 더 예민해졌다.

"애 재워야 하니까, 좀 조용히 해줘."

아이는 작은 소리에도 잠을 깨기가 일쑤였다. 그러다 보니 기다리던 남편이 들어와도 서로 대화할 시간이 없었다. 남편은 남편대로 일을 마치고 쉴 수도 없으니 힘들고, 나는 나대로 퇴근 없는 육아에 지쳐 갔다. 내 곁에서 숨만 쉬고 있으라는 남편의 달콤한 고백이 이처럼 살벌한 현실이 될 줄이야. 그렇게 아이라는 존재가 온 이후 나의 일상은 180도 달라져 있었다.

　어느 토요일 아침, 아이는 그날따라 유난히 보챘다. 나는 아이를 달래 보려고 놀이터로 피신을 떠났다. 그런데 그날따라 놀이터에는 아이와 아빠만 가득한 것이다. '아차. 오늘 토요일이지.' 주말이 되었는지도 몰랐다. 문득 거울에 비친 나를 바라보았다. 삐죽삐죽 튀어나온 머리카락, 다크서클 가득한 두 눈, 메마르고 부르튼 입술. 유모차를 끄는 좀비가 있다면 이런 모습이 아닐까? 갑자기 설움의 감정이 북받쳐 올랐다.

　엄마의 눈물 앞에서 당당하게 행복을 다짐했던 나는 어디로 간 걸까? 나의 존재만으로도 충분하다고 했던 달콤한 약속은 어떻게 된 걸까? 나는 대체 어디로 가고 있는 걸까? 이 열차의 종착지는 과연 어디일까? 그 답은 알 수가 없어도 한 가지 확실한 것은 있었다. 내가 꿈꾸던 'happily ever after'는 현실 육아에는 없었다.

매일 멘탈이 탈탈 털리는 독박육아 일상

"오늘 너 만나러 나오느라 토요일에는 독박이야."

결혼식을 앞두고 친구들에게 청첩장을 주던 자리였다. 결혼해서 아이가 있는 친구는 내게 장난스레 말을 했다.

"응? 독박?"

내가 되물었다.

"응. 혼자 애 봐야 한다고. 오늘은 남편이 독박육아, 토요일에는 내가 독박육아."

그러자 다른 친구가 말했다.

"아마 너는 아직 결혼을 안 해서 이해 못할 거야. 그냥 지금을 즐겨."

나는 의아하게 생각했다. '귀여운 아기를 보는 일에 독박이라는 단어까지 붙일 정도로 육아가 힘든 것일까?'

"나는 이제 가야 해. 아이 목욕시키고 재워야 하거든."

저녁 7시에 만난 우리는 9시가 채 되기도 전에 자리를 떴다. 그제야 오늘 오기로 한 친구 중에 한 명이 문자를 보내왔다. 아이가 아파서 못 온다는 내용이었다. '아니, 남편이 좀 봐주면 안 되나? 얼마 만에 함께 만나는 자리인데……' 왠지 서운한 마음이 들었다. 엄마가 된 친구들은 결코 예전 같지 않았다. 뭔가에 쫓기듯 여유가 없어 보였다. 집은 편안하게 쉬는 곳이 아니라 제2의 직장과도 같아 보였다. 돌아오는 지하철 안에서 가방 안에 있는 청첩장 한 장을 물끄러미 바라보았다. 그리고 나는 생각했다. '나는 정말 여유 있고 행복하게 육아할 거야. 그럼! 나는 할 수 있어.'

산후조리원에서 나온 첫날, 내 결심과는 다르게 나의 멘탈은 마구 흔들리고 있었다. 산후조리원과 달리 집에서는 오롯이 혼자 모든 것을 해야 했다. 산후조리원에서는 모유 수유의 중요함을 계속 강조했다. 자연스레 나도 1년간 모유 수유를 해야겠다고 결심했었다. 하지만 세상에 나온 지 얼마 안 된 아이는 젖을 빠는 힘이 너무 약했다. 그러다 보니 모유가 막히는 유구염이 자주 찾아왔다. 처음에는 유구염이 무엇인지도 모르고, 아이가 입술만 갖다대도 소스라치게 아픈 통증이 느껴졌다. 수유할 때가 되면 나도 스트레스가 이만저만이 아니었다. 검색 끝에 알아낸 해결책은 모유 관리사의 통곡 마사지였다. 그야말로 통곡이 나오는 마사지였다. 모유 관리사가 가고 나면 이리저리 튄 모유의 비린내가 방 안을 진동했다. 일주일에 한 번씩은 유구염이 반복해서 생기는 탓에 마사지 비용만 해도 엄청나게 들었다. 이 정도면 아이와 나를 위해서도, 비용 절감을 위해서도 분유를 먹이는 것이 더 나은 결정일지도 모른다는 생각이 들었다. 하지만 이왕 시작한 거 끝까지 해보자는 오기가 생겼다. 온종일 수유하느라 나의 몸은 만신창이가 되었다. 게다가 '내일이라도 분유를 먹일까?'라는 고민은 끝이 나지 않았다. 그렇게 몸은 몸대로 힘들고, 마음은 마음대로 힘들었던 모유 수유는 1년간 계속되었다.

하지만 넘어야 할 산이 모유 수유뿐이겠는가? 가장 큰 산은 바로 아이 재우기였다. 아이는 이미 손을 탄 지 오래였다. 바닥에 등이 닿기가 무섭게 등센서가 작동하기 시작했다. 안 되겠다 싶어 아이의 수면 습관을 기르기 위한 책을 읽고, 육아 전문 블로그도 샅샅이 뒤졌다. 1년간은 아이를 재우기 위해 안 해본 일이 없을 정도다. 일러야 9시에 퇴근하는 남편을 마냥 기다릴 수는 없었다. 오후 7시부터 아이와 수면 의식에 들어갔다. 미지근한 물에 목욕을 시키고 마사지를 했다. 집에 불이란 불은 다 끄고 모든 소음도 차단했다. 침대맡에서 책을 읽어 주고 자장가도 불러 주었다. 마지막 수유를 마쳤다. 마침내 잠든 아이가 깨지 않게 숨죽여 방안을 빠져나왔다. 설거지통에 쌓인 그릇들을 처리하고, 여기저기 벗어 던진 기저귀며 젖은 옷들을 정리하기 시작했다. 그러던 찰나, 방에서 우는 소리가 들려왔다.

"응애~ 응애~."

그렇게 아이를 재우는 일은 하루하루가 고비였다. 도통 잠을 안 자는 아이를 혼자 차에 태우고 동네를 몇 바퀴 돌기도 했다. 어떤 날은 아이 울음소리보다 더 크게 노래를 틀어 겨우 재운 적도 있다. 잘 재우기 위한 엄마의 무한도전은 계속되었다.

뭐니 뭐니 해도 제일 힘든 날은 아이가 아픈 날이었다. 수유를 끊고 나니 아이의 병치레가 시작되었다. 주말에 남편과 외출이라도 한 날에는 어김없이 아이의 몸이 뜨거워졌다.

"왜 밖에 괜히 나가가지고는……."

소용이 없는 줄 알면서도 어제의 외출을 후회했다. 아이는 꼭 남편이 없는 때에 맞춰 아픈 듯했다. 그런 날은 나도 더 긴장되었다. 아기 띠를 꺼내어 메고, 밤을 지새울 마음의 준비를 단단히 했다. 아이를 안고 창가에 서서 동그랗게 뜬 달을 올려다보았다. 칠흑같이 어두운 밤, 창밖에는 새벽임에도 불이 켜진 집들이 종종 보였다. '저 집에도 잠 못 드는 아이와 엄마가 창밖을 쳐다보고 있지는 않을까.' 보채는 아이를 위해 내가 아는 모든 동요를 무한 반복하곤 했다. 동이 틀 무렵

에야 아이는 지쳐 잠이 들었다. 그제야 나도 아기띠를 풀고 옆에 누워 쪽잠을 청했다. 그러고는 간절히 기도했다. '제발 내일 아침 해가 뜨지 않았으면…….'

시간이 약일까? 아이는 책에서 말한 것처럼 뒤집고, 앉고, 기고, 서고, 곧이어 걷기 시작했다. 보이지는 않아도 아이는 매일매일 성장하고 있었다. 말문도 트여 대화가 좀 통할 정도가 되자 나도 숨통이 조금 트이는 듯했다. 혼자 아이를 돌보는 것에도 차츰차츰 적응해 가고 있었다. 아이가 혼자 노는 틈을 타 얼른 씻기 위해 샤워실로 들어갔다. 머리를 감으려는 순간 '쿵' 하는 소리가 들렸다. '내가 잘못 들었나? 이게 무슨 소리지?' 불길한 예감에 얼른 샤워기의 물을 껐다.

"아아. 엄마아, 엄마아."

떨리는 손으로 화장실 문을 열자마자 사고가 일어난 것을 알았다. 안방 화장실 앞에 놓여 있던 5단 서랍장이 바닥 위로 완전히 넘어가 있었다. 순간 심장이 멎는 것 같았다. 큰 소리로 아들을 불렀다. 다행히 서랍장이 아이를 완전히 덮치지는 않았다. 서랍장을 피하다가 아이의 발이 서랍장 문 아래 끼어있는 것을 발견했다.

"악!"

놀란 내가 고함을 지르니 아이가 더 놀라서 크게 울기 시작했다.

"아니야, 아니야. 괜찮아, 괜찮아. 엄마가 얼른 구해줄게."

서랍장에서 아이의 발을 뺐다. 다행히 뼈가 다치거나 피가 난 흔적 없이 빨갛게 발이 부어 있었다.

"오! 감사합니다. 하느님, 감사합니다."

그때서야 안도의 한숨을 쉬며 감사한다고 소리쳤다. 아이는 엄마가 샤워 후에 입을 옷을 서랍장에서 꺼내려고 했었다. '얼마나 놀랐을까?' '서랍장이 아이 머리 위로 덮쳤더라면 어떻게 되었을까?' '정말 다행이다. 정말 다행이야.' 나는 다시 정신을 차리고 방 안을 살펴보았다. 넘어진 서랍장 때문에 방문을 열 수가 없었다. 나는 아이에게 침대 위로 올라가 있으라고 했다. 그리고 서랍장을 들어올리기 시작했다. 있는 힘을 다 짜내었지만 꿈쩍도 안 했다. '이를 어쩌지?' 나는 화장실에 가서 손에 묻은 비누를 박박 닦아냈다. 크게 한숨을 쉬었다. 그리고 죽기 아니면 까무러치기로 힘껏 들어 올렸다.

"응차, 응차."

아이는 엄마의 괴력에 놀란 토끼 눈이 되었다. 서랍장은 천천히 움직였다. 그리고 손에서 어깨로, 어깨에서 등으로 힘을 실어가며 결국 서랍장을 세웠다.

"휴! 이제 우리 살았어!"

아이는 아무 대답이 없었다. 그새 침대에서 잠들어 버렸다. 어찌나 놀라고 당황했던지 아이의 작은 두 눈에는 마르지 않은 눈물 자국이 그대로 있었다. 빨갛게 부어오른 아이의 발에 약을 발라 주며, 그제야

엄마의 마음은 치유가 필요해 | 23

나는 숨죽여 흐느끼기 시작했다.

"흑흑흑……, 엄마가 미안해."

젖은 머리에는 아직도 물이 뚝뚝 떨어지고 있었다. 볼에 흐르는 게 눈물인지 비눗물인지 알 수조차 없었다. 나는 그렇게 오랫동안 아이를 안고 혼자 울었다.

불과 2년 전 행복하고 여유로운 육아를 다짐한 나는 어디에 있을까. 누가 시키지도 않은 모유 수유에 멘탈이 흔들리기 시작했다. 아이를 재우기 위해 매일같이 전쟁을 치르다 보면 매일 밤 뼈마디가 쑤셨다. 아이의 키가 한 뼘 두 뼘 자라는 동안 내 영혼은 점점 빠져나가고 있었다. 매일 장렬히 전사하는 몸을 따라 내 멘탈도 저 지하 아래 무덤에 갇혀 버린 것 같았다. 그렇게 나는 매일 매일 멘탈이 탈탈 털리고 있었다.

좋은 엄마가 될 줄 알았다

"엄마, 삼촌 집에서 숙제하고 갈게요."

초등학교 3학년 무렵이었다. 갓 장가를 간 막내 삼촌에게 아기가 생겼다. 나와는 10살 터울이 나는 사촌 동생이 생긴 것이다. 나는 갓 태어난 아기의 얼굴이 보고 싶어 수업에 집중할 수가 없었다. 학교 종이 땡 치자마자 비탈길을 올라 삼촌 집으로 곧장 갔다. 놀이터에서 놀자는 친구의 유혹마저 뿌리친 채 말이다. 나는 새근새근 자는 아기 옆에 누웠다. 그리고 귀여운 눈, 코, 입을 유심히 살펴보았다. 아기가 잠에서 깨면 한참을 놀다가 집으로 돌아오곤 했다. 나는 사랑스러운 아기를 보는 게 고무줄 놀이보다도 훨씬 더 흥미롭다고 생각했다.

그런 나에게 첫 조카가 생겼다. 언니가 결혼한 것도 신기한데, 아이를 낳다니 도무지 믿기질 않았다. 너무나 예쁘고 사랑스러운 여자 아기였다. '이렇게 조그마한 생명체가 살아 움직이다니…….' 큰 언니는 곧 둘째 아이를 낳았다. 그 무렵 작은 언니도 첫 아이를 낳았다. 갑자기 비엔나 소시지처럼 줄줄이 조카들이 세상에 나왔다. 나는 어느새 다섯 조카를 둔 이모가 되었다. '나는 언제쯤 엄마가 될까?' 예쁜 아이들의 엄마가 된 언니들이 내심 부러웠다.

첫 조카가 태어난 지 10년째 되던 해였다. 드디어 고대하던 날이 왔다. 내 아이가 세상에 태어난 것이다. '나는 어렸을 때부터 아기라면 노는 것도 미루고 달려갔잖아. 천성이 아이를 좋아하는 데다, 교육학 공부까지 했으니 아이를 얼마나 더 잘 돌보겠어. 나는 아이를 참 좋아하는 사람이니까.' 나는 아이를 키우는 일에 자신 있었다. 하지만 나는 중요한 사실을 알지 못했다. 아이를 좋아하는 것과 아이를 키우는 것은 하늘과 땅 차이라는 것을.

아이가 만 세 살이 막 지났을 무렵이었다. 집안일을 마치고 소파에 앉아 뉴스를 틀었다. 뉴스에는 매일의 그렇고 그런 소식들이 흘러나왔다. 특별할 것도 없는 뉴스에 나도 모르게 눈물이 나왔다. 이런 걸 보고 엄마춘기라고 하는 걸까? 사춘기 소녀처럼 스쳐 가는 바람에도 눈물이 흘렀다. 혼자 놀던 아이가 놀라서 나를 쳐다보았다. 그러곤 내 곁으로 다가와서 물었다.

"엄마, 슬퍼?"

"응? 아닌데? 엄마 안 슬픈데?"

"그런데 왜 눈물을 흘려?"

"응, 뉴스 내용이 슬퍼서 눈물이 나네?"

나는 환하게 웃어 보였다. 그러자 아이도 나를 따라 활짝 웃었다. 나의 표정이 아이에게는 심각해 보였던 것 같다. 아이는 언젠가부터 엄마의 표정을 유심히 관찰하곤 했다.

"엄마, 아휴 그만 좀 씻겨요."

"아유, 애. 엉덩이는 이렇게 박박 씻겨야 해."

친정에 가면 엄마가 아이를 씻겨 주시곤 한다. 아이를 씻기는 손아귀 힘은 엄마를 당할 수가 없다. 엄마는 세 살 터울이 나는 네 남매를 키우셨다. 이토록 야무지고 단단한 손놀림으로 12년간 갓난쟁이의 육아를 쳇바퀴 돌듯 해내셨다. 그래서일까? 엄마는 자주 아프셨다.

내가 초등학교 3학년 때다. 한창 예민한 여자 아이들 무리 안에서 살벌한 따돌림이 벌어지고 있었다. 한 아이가 주도적으로, 같이 노는 친구들을 한 명씩 차례로 따돌렸다. 언제 내 차례가 올지 몰랐다. '그래. 집에 가면 엄마에게 다 말해야겠어.' 엄마는 안방에 누워계셨다. 엄마는 그 무렵 알 수 없는 어지러움 때문에 침대에 누워만 계셨다. 밥 한술도 뜨기 어려워했다. 그런 기운 없는 엄마의 모습에 차마 내 고민을 꺼낼 수가 없었다. 엄마의 마음을 아프게 하고 싶지 않았기 때문이다. 아직 어리긴 해도 엄마가 힘들다는 것을 알 수 있었다. 엄마는 언제나 우리 집의 활기를 돋우어 주는 존재였다. 그런 엄마가 아플 때는 뭘 해도 도통 기운이 나지 않았다. 다행히 점차 회복되셨고, 우리 집도 예전처럼 활기를 찾았다. 하지만 그때 내가 느꼈던 두려움을 너무나 생생히 기억한다. 내 아이는 지금 어떤 감정을 느끼고 있을까? 혹시 예전의 나처럼 엄마가 슬픈 것은 아닌지, 아픈 것은 아닌지 염려하고 있는 것은 아닐까?

나는 아이가 언제든 착륙할 수 있는 안전기지가 되고 싶었다. 아이의 모든 감정을 스펀지처럼 흡수하고 싶었다. 하지만 아이의 감정은 럭비공과 같았다. 언제 어디서 튀어오를지 몰랐다. 나는 쉴 틈 없이 오는 그 공들을 적절히 받아치려고 이리 뛰고 저리 뛰었다. 그러다 보니 정작 내 감정은 제대로 볼 새가 없었다. 아이를 키우다 보면 문득 낯선 감정이 올라오곤 했다. 슬픈 감정, 우울한 감정, 화가 나는 감정, 내가 억눌렀던 그 감정들은 수시로 얼굴을 들고 나올 기회를 엿보고 있었다. 그럴 때면 나는 '평정심을 되찾아야 해'라며 부정적인 감정을 억누르기에 바빴다. 하지만 내가 아무리 감추어도 아이는 알고 있었다. 아이는 엄마의 감정을 읽는 신비한 능력이 있다. 그래서 종종 이렇게 묻고는 했다.

"엄마 표정이 왜 그래?"

내가 자주 도피하던 휴대폰 속 작은 세상에는 '그들이 사는 세상'이 있었다. 그 세상 안의 엄마들은 나와는 너무 달랐다. 지치지 않는 체력으로 놀이터에서 몇 시간이고 놀아 주는 엄마, 매 끼니 영양 만점 식사를 차려 주는 엄마, 교구를 손수 만들어 집에서 홈스쿨링을 하는 엄마들이 살고 있었다. 그곳의 엄마들은 활기차고 온화해 보였다.

내가 사는 세상은 달랐다. 한 시간의 야외 활동에도 곧 쓰러질 것 같은 저질 체력, 반찬 하나 만드는 데도 쩔쩔매는 요리 실력, 아이의 짜증을 응징하는 단전에서부터 나오는 고함, 웃음기 싹 사라진 지친 표정 등. 나라는 엄마는 내가 생각해도 참 별로였다. 내가 그려온 엄마는 이런 엄마가 아니었다. 풍부한 표정에 다정한 말투, 그리고 언제나 평정심을 유지하는 지혜로운 엄마가 되고 싶었다. 그런데 나는 아이를 걱정시킬 만큼의 다이내믹한 감정 변화에 무뚝뚝한 말투, 굳어져 가는 표정을 제대로 갖춘 기대 이하의 엄마가 되어가고 있었다.

"지겨워 죽겠어. 정말. 대체 언제까지 엄마만 졸졸 따라다닐 거야?"
나와 둘이서만 지내서 그런지 아이는 내 곁을 떠날 줄을 몰랐다. 내가 화장실에 가는 시늉만 해도 울었다. 오로지 엄마, 또 엄마였다. 엄마가 밥을 먹여 주어야만 하고, 엄마가 재워 주어야만 하고, 엄마는 언제나 함께 있어야 했다. 1년 365일, 24시간을 엄마 바라기였다.

"엄마, 어디 갔어? 어디 갔어?"

"엄마, 양치하고 갈게."

"아니야. 아니야……. 문 열어, 문!"

"그만 좀 해 제발! 엄마도 혼자 좀 있자. 제발."

아이는 엄마의 화내는 모습에 눈물이 터졌다. 서러움 대폭발이었다. 제일 좋아하는 뽀통령 시청도 거부했다. 들썩들썩 작은 어깨를 으쓱거리며 훌쩍대는 아이를 나는 꼭 안아 주었다. 나도 눈물이 흘렀다. 아이에게 너무나 미안했다. 나도 이런 말을 하는 엄마가 될 줄은 몰랐다. 이렇게 집이 떠나라 고함을 쩌렁쩌렁 지르는 엄마가 되어 있을 줄 몰랐다. 아이는 울음을 그쳤지만, 나는 그날 밤 잠을 이루지 못했다. 마음속 소화시키지 못한 고구마 백 개쯤이 얹혀 있는 듯했다. '한 시간만이라도 혼자 있고 싶다. 정말.' 나도 나만의 안전기지가 필요했다.

아이를 재우고 난 후에도 생각이 생각에 꼬리를 물었다. '내가 정말 나쁜 엄마인가? 나는 엄마 자격이 없는 사람인 건가?' 내 곁에서 자는 아이의 들숨 날숨소리에 맞춰 나도 한숨을 내쉬었다. 마음이 너무나 착잡했다. 왜냐하면 나는 정말 좋은 엄마가 될 줄 알았기 때문이다.

그거, 우울증이에요

"나, 진짜 큰 병이 생긴 것 아닐까?"

출산 후 1년이 지났을 즈음, 저녁만 되면 속이 쓰리기 시작하고 명치 주위가 조여 오는 것 같았다. 어깨부터 배꼽까지 콕콕 쑤시는 통증은 점점 더 심해졌다. 아이를 어린이집에 보내고 나서는 동네 병원에 꾸준히 다니기 시작했다. 하지만 큰 차도가 없었다. 종합병원에서 여러 검사도 받았지만 별다른 소견이 없었다. 그러다 우연히 인터넷 맘 카페에 올라온 글을 보게 되었다. 근처 동네에 실력 있다고 소문난 병원에 대한 칭찬 글이었다. '엄마들 사이에서도 소문난 병원이면 얼마나 대단할까?' 나는 한 줄기 빛을 본 것만 같았다. 다음날 아이를 어린이집에 보내고 나서 곧장 그 병원으로 향했다. 내 증상을 다 듣고 난 후 의사는 말했다.

"그거, 우울증이에요."

"네? 우울증이라고요?"

"네, 맞아요. 우울증에 걸리면 몸이 피로하고, 무기력해지고, 아프기도 해요. 제가 들어 보니 환자분은 위장약이 아니라, 신경안정제가 필요할 것 같아요."

"네? 신경안정제요?"

"앞에 오신 어머니도 아이가 하원하고 집에 올 때만 되면 가슴이 두근두근하고 답답하다고 해서 약을 처방해 드렸어요. 걱정하지 마세요. 아이 키우는 엄마들 대부분이 그래요."

의사는 제일 약한 신경안정제라며 안심하라고 했다. 집으로 향하는 차 안에서 나는 불현듯 화가 났다.

"뭐야? 돌팔이 의사 같으니. 그런 말을 누가 못해?"

"육아하는 엄마들은 다 우울증 환자라는 거야?"

"나는 그렇게 나약한 사람이 아니야. 그런데 왜 내가?"

나는 집에 돌아오자마자 처방받은 약을 쓰레기통에 넣어 버렸다.

결혼하고 처음 살았던 동네에는 나와 같은 아이 엄마를 찾기가 힘들었다. 아이와 함께 문화센터에 들러서야 또래 엄마들을 만날 수가 있었다. 하지만 그곳에서도 마음이 맞는 친구 한 명 사귀기가 쉽지 않았다. 아이가 아직 어리니 맘 편히 커피 한잔하기도 힘들었다. 그 무렵 우리는 새로운 동네로 이사를 하게 되었다. 다행히 새로운 동네에는 또래 엄마들이 많았다. 아이를 어린이집에 보내고 돌아오는 길에 한 엄마와 마주쳤다. 어느새 나는 달려가 큰 소리로 인사를 건네고 있었다.

"안녕하세요?"

사실 나는 처음 보는 사람에게 말을 먼저 건네는 성향은 아니다. 하지만 그날은 내가 생각해도 저돌적이었다. 미리 마음먹은 것도 아니었다. 지금 생각해 보면 그때의 용기는 본능에서 비롯되었던 것 같다. 고립된 섬에서 탈출해 누군가와 연결되고 싶다는 본능 말이다.

"아, 안녕하세요?"

절실했던 나의 바람이 이루어진 건지, 서로 인사를 나눈 그 엄마와는 아주 가까운 사이가 되었다. 죽이 잘 맞는 우리 관계처럼 아이들도 서로 잘 지냈다. 결혼하고 난 후 참 오랜만에 누군가와 함께 마음을 터놓고 편하게 지낼 수 있었다. 어느 오후, 아이들을 데리고 놀이터에 앉아 두런두런 이야기를 나누고 있었다.

"언니, 내가 언니였다면 정말 많이 힘들었을 것 같아."

"응?"

"나는 친정이라도 가까이 있는데 말이야. 언니는 타지에서 아는 사람도 없이 혼자 아이와 둘만 있는 시간이 너무 많았잖아."

진심 어린 그녀의 위로가 내 마음을 포근히 안아주는 것만 같았다. 우리 둘 모두에게 엄마라는 자리는 처음이었다. 그 '처음'이 얼마나 어렵고 힘든지 알아주는 것만으로도 큰 힘이 되었다. '의사 선생님의 말과 그녀의 말이 뭐가 그리 달랐을까?' '왜 나는 같은 말을 하는 두 사람에게 다르게 반응했을까?' 집에 돌아와 곰곰이 생각해 보았다. 한 사람은 병에 대한 처방을 주었고, 다른 한 사람은 내게 공감을 주었다. 그것이 달랐다. 아프지 않고서야 어떻게 아픔을 이해할 수 있을까? 우리는 경험해 보지 않은 것을 결코 가늠할 수 없다. 사실 육아는 해본 사람만이 그 심정을 이해할 수 있다.

"저 사람, 우울증인가 봐."

결혼 전 신혼집을 구하러 다닐 때였다. 한 집에 들어서자마자 남편과 나는 경악했다. 거실 전체가 아이의 크고 작은 장난감으로 뒤덮여 발 디딜 틈이 없었다. 아이가 다치지나 않을까 걱정이 될 정도였다. 내 눈은 곧장 엄마를 향했다. 엄마의 얼굴에 어두운 그늘이 잔뜩 드리워져 있었다. 우리는 재빨리 정신없는 그 집을 빠져나왔다. 아이를 키우면서 종종 그녀의 얼굴이 떠올랐다. 그때, 마치 의사처럼 그녀를 판단했던 내 모습이 부끄러워졌다. 나는 지금에서야 비로소 그녀를 조금 이해할 수 있을 것 같다. '그녀도 그간 얼마나 힘들었을까?'

엄마가 되어 보니 알 수 있었다. 육아에 매여 있는 엄마는 자존감이 낮아지기 쉽다는 것을 말이다. 결혼 전에는 힘든 업무 때문에 스트레스 받고, 불편한 상사의 눈치는 보여도 퇴근 후에 친구를 만나 맥주 한잔하면 그만이었다. 토요일 아침에는 늘어지게 잘 수도 있었다. 주말에는 마음 맞는 친구들과 드라이브도 했다. '때려치우고 싶다'는 생각도 한 달만 참으면 되었다. 통장 잔고에 월급이 쌓이기 때문이었다. 게다가 일을 함으로써 누군가로부터 인정받기도 했다.

하지만 육아는 달랐다. 결혼과 동시에 우리 부부는 돈과 시간을 아낄 수 있을 만큼 아꼈다. 집도 사야 하고 저축도 해야 하는데, 아이에게 기본적으로 들어가는 돈은 만만치가 않았다. 게다가 온종일 살림과 육아를 해도 누구 하나 알아주지 않는 것 같았다. 월급도 퇴근도 없는 매일의 일상에서 성취감을 느끼기란 힘든 일이었다. 그나마 있었던 자존감마저 다 소멸한 상태였다. 그래도 '엄마니까 이 모든 것이 당연하다'는 주위 시선은 더욱 내 입을 닫게 할 뿐이었다.

인구보건복지협회가 2015년 20~40대 기혼여성 1,309명을 대상으로 설문 조사한 결과에 따르면 분만한 여성 10명 중 9명(90.5%)이 '산후 우울감'을 느꼈다고 한다. 하지만 "나 우울증이라서요"라는 말을 얼마나 떳떳하게 할 수 있을까? 오히려 우리는 이렇게 단정해 버리곤 한다. '그건 누구나 한 번쯤 걸리는 거야.' 혹은 '나는 그렇게 나약한 사람이 아니야'라고 말이다.

나 또한 그랬다. 마음의 감기처럼 누구나 앓는 것으로 생각했다. 혹은 나는 그런 감기 따위는 이겨낼 수 있는 강한 사람이라고 다독였다. 하지만 그런 방법은 별로 도움이 되지 않았다. 오히려 나에게 필요한 것은 나의 상태를 그대로 인정하는 것이었다. '내가 많이 힘들구나! 당연히 그럴 수 있다!' 바로 내 친구가 나에게 해 준 것처럼 말이다.

문종원 신부는 《우울증. 기쁨으로 바꾸기》 책에서 "감정이 보내는 신호에는 언제나 목적이 있다. 그 신호를 잘 들여다보고 그 뜻을 알아들어야 한다"고 말했다. 내 인생에서 뜻밖의 빨간 신호가 켜졌다. 무턱대고 건너서는 사고가 날 것이다. 나는 지금 멈추어 서서 이 신호가 무엇을 말하는지 알아야 했다.

이러다 내가 사라지는 것은 아닐까

"나는 프랑스 엄마처럼 육아할 거야."

유독 잠이 많은 나는 다짐했다. 프랑스 육아법이 무엇인지도 잘 모르면서 말이다. 서양 엄마들처럼 아이가 조금만 크면 따로 자야겠다고 생각했다. 내게는 수면이 그만큼 중요했기 때문이다. 미칠 듯 잠이 쏟아지던 임신 기간, 배 속의 아이가 이리저리 발길질을 해대는 통에 수면의 질은 점점 떨어졌다. 차츰 배가 불러오자 누워서는 숨을 제대로 쉬기도 힘들었다. 결국 침대에서 자는 단잠은 나와는 점점 거리가 멀어졌다. '아이만 태어나봐. 나는 프랑스 엄마처럼 아이를 아이 방에서 따로 재워야지.' 하지만 엄마가 되어 보니 내 마음대로 되는 것은 하나도 없었다. 이 글을 쓰고 있는 지금까지도 나는 아이와 함께 잠을 잔다. 사실대로 말하자면 분리 수면을 위한 시도조차 하지 못했다.

 이사를 하루 앞둔 날이었다. 이사를 위해 아이를 시댁에 맡기고, 이사가 끝나면 아이를 데려오기로 했다. 처음으로 아이와 떨어져 자는 날, 나는 내심 기대에 부풀어 있었다. '오늘만큼은 혼자서 맘껏 잘 수 있겠지?' 드디어 이사 준비를 마치고 넓은 침대에 대자로 누웠다. 그런데 이게 웬걸, 도무지 잠이 오질 않았다. 아이 걱정만 되었다. '엄마 없이 자본 적이 없는데……. 과연 잘 자고 있을까?' 결국 다시 거실로 나와 소파에 누웠다. TV 채널을 이리저리 돌리다가 새벽 3시가 되어서야 겨우 잠들었다. 그리고 그날 이후 나는 아이와의 분리 수면을 과감하게 포기했다. 아이가 있는 세상에 적응한 지 1년, 아이 없는 세상에서 단 하루도 살 수가 없었다. 어느덧 아이의 숨소리를 통해 내가 숨 쉬고 있음을 알았다. 그리고 아이의 존재를 통해서 나의 존재를 느꼈다. 분리 불안을 느끼고 있는 사람은 아이가 아닌 바로 나였다.

 아이가 어린이집에 가기 시작한 이후 나는 새로운 습관이 생겼다. 그것은 아침잠에서 깨자마자 창밖을 내다보는 것이다. 그 이유는 아이의 옷차림 때문이었다. 아이는 땀도 많고 감기도 잘 걸렸다. 그런 아이가 날씨에 알맞은 옷차림을 하는 것이 내겐 너무나 중요했다. '오늘은 무엇을 입혀 보낼까?'

그날도 나는 창밖을 내다보았다. 가장 정확한 기상예보는 다른 아이들의 옷차림이었다. 학교에 가는 누나, 형들의 옷을 보니 한결 얇아져 있었다. '옷도 이불도 다 바꿔야겠다.' 아이의 겨울옷을 벗기고 가벼운 옷으로 갈아입혔다. 그리고 어린이집에서 사용하는 낮잠용 이불도 얇은 것으로 바꿨다. 아이와 아파트 복도에서 엘리베이터가 오기를 기다리는 중이었다. 옆집 문이 열리고, 엄마와 아이가 나왔다. 옆집 엄마는 워킹맘이어서 그간 마주칠 일이 없었다. 서로 인사를 건넨 후 그녀가 친절히 말했다.

"오늘 제가 늦게 출근해서 직접 데려다주려고요."

"아. 그러세요?"

나는 그녀의 얼굴을 쳐다보며 대답했다. 상큼한 단발머리에 분홍빛 입술이 유난히 화사해 보였다. 인사를 나누고 엘리베이터를 빠져나와 각자의 길을 갔다. 그런데 이상하게 나보다 앞장서 가는 그녀의 뒷모습에 자꾸만 눈이 갔다. 그녀가 저만치 갔는데도 나의 시선은 그녀의 연노란빛 스커트에 머물고 있었다. 그때야 내 시선이 그녀의 스커트에 오래도록 머문 이유를 알았다. '아! 계절이 바뀌었구나!' 그래, 어느새 완연한 봄이 와 있었다. 나는 깨달았다. 내가 검은색의 두꺼운 패딩 점퍼를 입고 있다는 것을 말이다. 나는 당장 그 외투를 벗었다. 아이를 어린이집에 데려다 주고 돌아오는 길, 그제야 내 눈에도 하나둘 핀 봄꽃들이 보였다. 샛노란 나비들도 그 주위를 날아다니고 있었다.

나는 겨울에 태어난 아이와 벌써 세 번째 봄을 맞이하는 중이었다. '언제 봄이 와 버렸지?' 아이의 옷과 이불은 봄을 맞을 준비가 끝났다. 그러나 나는 혼자 겨울에 머물고 있었다.

계절의 변화를 감지하지 못하는 것은 그만큼 뇌가 지쳐 있다는 신호다. 소진증후군(Burnout Syndrome)은 스마트폰이 방전되듯 우리의 뇌도 그 에너지를 다 소진하는 것이라고 한다. 나도 내 안에 무언가를 다 소진해 버린 느낌이 들었다. 아이가 있으면 몸이 움직이고 뇌가 반응하다가도 아이가 없으면 모든 기능이 정지하는 것 같았다. 아이를 어린이집에 보낸 후 나만의 시간을 보내더라도 도통 에너지가 채워지지 않았다. 내 안에는 나를 위한 한 방울의 연료도 남아 있지 않았다. '이렇게 살아도 되는 걸까?'

빨래를 넣고 세탁기를 돌렸다. 소파에 앉아 한참을 멍하니 있었다. 윙윙 빨래 돌아가는 소리만 들려왔다. 마치 지금 나의 상태를 말해 주는 것 같았다. 네가 나인지, 내가 너인지 모르고 아이와 뒤엉켜 한 덩어리가 된 빨래 같았다. '이러다가 아이가 진짜 나에게서 독립할 때가 오면 어쩌지?' '정작 아이와 떨어지지 못하는 것은 내가 아닐까?' 그것은 정말로 내가 원하는 것이 아니었다. 아이를 위해서도, 나를 위해서도 그것은 결코 좋은 결말이 아니었다. 양육의 궁극적 목적은 아이의 안정적인 독립이다. 아이가 엄마로부터 정서적으로나 육체적으로 잘 분리되어 홀로 설 수 있게 돕는 것, 그것이 육아의 최종 목표가 되어야 한다. 물론 아직 아이가 어리지만, 계속 이 상태로 가다가는 세탁기에서 돌아가는 빨래처럼 우리의 관계가 뒤엉킬 것만 같았다.

문득 이십 대 초반에 떠났던 인도여행이 생각났다. '당장 집에 가고 싶다.' 인도 공항에 도착한 첫날, 내가 했던 생각이다. 인도는 내가 생각했던 것보다 더 무질서하고 지저분했다. 게다가 매 순간 얼토당토않은 말로 돈을 뜯어내려는 인도 사람들이 두렵고 싫었다. 하지만 공항에서 바로 돌아갈 수는 없었다. '이왕 여기까지 온 거 일주일만 견뎌보자.' 나는 예정된 사막 투어만 마치면 집으로 돌아갈 생각이었다. 하지만 광활한 사막에서 보낸 밤, 인도라는 나라에 관한 나의 선입견이 완전히 무너졌다. 사막 한가운데, 쏟아질 것 같은 별들을 수놓은 하늘 아래 누웠다. 나는 너무나 편안하고 자유로웠다. 더는 돌아갈 집, 안락한 내 방, 편안한 내 삶은 생각나지 않았다. 그저 이 아름다운 자연, 처음 만나는 새로운 세상 속에서 순간순간을 만끽하고 싶었다. '후회를 남기지 않는 즐거운 여행을 해보자.' 그렇게 처음 계획했던 2주가 한 달이 되고, 한 달이 두 달이 되었다. 나는 홀로 떠난 첫 배낭여행을 통해 많은 것을 배웠다. 홀로 떠나도 괜찮았다. 아니 오히려 홀로 떠나 보니 새로운 나를 알게 되었다.

어느새 빨래가 다 되었다는 신호가 들려왔다. 추억에 빠져 있던 시간도 멈추었다. 나는 바닥에 앉아 한 덩어리가 된 빨래를 펼쳤다. 아이 옷과 내 옷을 구분해 건조대에 널기 시작했다.

"살면서 가장 중요한 일은 내 마음속의 빛이 꺼지지 않도록 하는 것이다. 안에서 빛이 난다면 밖에도 빛이 나는 법이다."

역사상 가장 위대한 천재 물리학자, 알베르트 아인슈타인(Albert Einstein)의 말처럼 언제나 중요한 것은 내 안의 빛을 꺼지지 않게 하는 것이었다. 아무리 밝고 멋진 세상도 내 마음에 빛을 잃으면 소용이 없었다. 밖에서는 따스한 봄 햇살이 집 안을 비추고 있었다. '따스한 봄 햇살이 비추는 우리 집처럼, 내 마음에도 따스한 햇볕이 다시 비칠 수 있을까?' 두렵지만 벅찬 여행을 마치고 돌아왔던 그 시절의 내가 지금의 나에게 묻고 있었다.

이제 나를 치유할 시간

"차 마시러 올래요?"

한 엄마가 말을 건네왔다. 아이가 어린이집을 가면서 나의 시간이 조금씩 나기 시작했다. 중요한 볼일이 없는 날에는 마음 맞는 동네 엄마들을 만나 수다를 떨곤 했다. 맛있는 점심을 먹고, 후식으로 커피까지 마시고 나면 아이 하원 시간에 맞춰 돌아올 수 있었다. 하지만 그날은 왠지 선뜻 대답이 나오질 않았다.

"오늘은 집에서 좀 쉬어야 할 것 같아요. 미안해요."

나는 한참을 망설이다가 결국 거절의 메시지를 보냈다. 아이를 어린이집에 보내고 나면 나만의 시간에 뭔가 많은 일을 할 수 있을 것만 같았다. 그런데 집안일을 마치고 볼일이라도 보고 나면 점심시간이 훌쩍 넘었다. 막상 진짜 혼자만의 시간을 갖게 되었는데 무엇을 해야 할지 떠오르지 않았다. 마땅히 가야 할 곳도 없었다. 그러다 보니 자연스레 친구들에게 전화를 걸거나 시간이 되는 엄마들을 만나 수다를 떨곤 했다. 혹은 백화점에라도 들러서 이것저것 구경하며 시간을 보내곤 했다. 하지만 결혼 후 혼자 하는 쇼핑은 예전처럼 즐겁지 않았다. 아이 옷 한 벌에도 벌벌 떨며 살까 말까 고민하는 내 모습도 달갑지 않았다. 그러다 아이 하원 시간에 맞춰 가까스로 집에 들어오면 후회가 밀려왔다. '내일은 좀 의미 있게 시간을 보내야지.' 하지만 결심은 그때뿐이었다. 밤이 지나고, 아침이 오고, 아이를 어린이집에 보내고 나면 나는 어김없이 똑같은 하루를 보냈다.

엄마들과 만남을 거절한 목적이 따로 있었던 것은 아니었다. '그냥 오늘만은 혼자 있고 싶다'는 생각이 들었다. 하지만 혼자 가만히 있기에도 뭣해 집을 나왔다. 조금 걷다 보니 아파트 단지 내 작은 카페 겸 도서관이 보였다. 몇몇 엄마들이 모여 이야기를 나누고 있었다. 나는 조용히 들어가서 책장에 꽂힌 책들을 구경했다. 육아서적이 아닌 책들을 보니 참 낯설었다. 나는 눈에 보이는 대로 책 몇 권을 집어 들고 구석진 자리에 앉았다.

"간혹 몸과 마음이 피곤하고, 무엇인가 부족하다는 생각이 들 때가 있다. 그럴 때는 바로 내면의 영혼이 뭔가를 속삭이고 있기 때문이다.

이 속삭임을 듣지 못하거나 응하지 않을 때는 문제가 더욱 커진다."

무심코 펼친 책장의 한 구절이었다. '나에게 하는 소리인가?' 나는 몸과 마음이 지쳐 있었고, 무언가가 고갈되어 있었다. 이런 나를 누군가가 바라보고 있는 것만 같았다. 그리고 그 누군가가 친절하지만 단호하게 말하고 있는 것을 느꼈다.

"귀를 기울여라. 당신의 영혼이 안으로 들어오라고 속삭이고 있는지, 아니면 밖으로 나가라고 하고 있는지를 귀 기울여라."

'아! 내 영혼이 안으로 들어올 때라고, 나를 부르고 있었구나.' 그제야 책의 앞면에 있는 제목과 저자를 찾아보았다. 주얼 D 테일러(Jewel Taylor Diamond)가 2001년도에 쓴 《나를 바꾸는 데는 단 하루도 걸리지 않는다》라는 책이었다.

그동안 참 많은 병원을 찾아다녔다. 친구들로부터 혹은 가족으로부터 위안을 받기도 했다. 그런데도 홀로 육아를 하면서 고갈된 그 무언가는 채워지지 않았다. '정말 나를 바꾸는 데 단 하루도 걸리지 않는다고?' '지금 이렇게 무기력한 나도 새롭게 변화할 수 있을까?' 나는 자리를 박차고 일어났다. 더 고요한 장소가 필요했다. 다행히 도서관은 입주민에게 언제든지 책을 대여하고 있었다. 책을 들고 집으로 돌아와 식탁에 앉았다. 몰입해서 책을 읽다 보니 시간이 가는 줄도 몰랐다. 어느새 아이가 하원할 시간이 다 되었다. 이상하게 아이를 마중 나가는 발걸음이 평소보다 훨씬 가볍게 느껴졌다. 그날 아이를 재우고 나서 거실로 나와 다시 책을 펼쳤다. 그러고는 기억하고 싶은 구절들을 종이 위에 써 보았다.

"가장 중요한 것은 가장 중요한 것을 지키는 것입니다."

그중에서도 내 마음에 와닿은 구절을 몇 번이고 되새겨 보았다. '가장 중요한 것, 나에게 그것은 무엇일까? 그것은 바로 나 자신 아닐까?' 나는 스스로 묻고, 스스로 답하고 있었다. 내 마음속의 뿌연 안개가 아주 조금은 걷히는 것 같았다. 그 순간 나는 깨달았다. 나를 바꾸는 것은 단 한순간에도 가능하다는 것을 말이다. 내 영혼을 제대로 보기만 한다면.

"내 안에는 나 혼자 살고 있는 고독의 장소가 있다. 그곳은 말라붙은 당신의 마음을 소생시키는 단 하나의 장소다."

미국의 소설가 펄 벅(Pearl S. Buck)의 말이다. 그렇다. 내가 절실하게 필요로 했던 것은 바로 고독의 장소였다. 무언가를 사고, 누군가를 만나도 해결되지 않았던 목마름, 답은 내 안에 있었다. 그날 이후, 내 삶에 두 가지 주요한 변화가 생겼다. 첫 번째는 나를 위한 책을 사서 읽기 시작했다. 두 번째는 나를 위한 일기를 쓰기 시작했다.

'치료'는 병을 낫게 하는 것이다. 하지만 '치유'는 치료와 더불어 심리적인 안정감을 준다. 즉 마음이 편안해지는 것이다. 2019년 한 신문 기사에 따르면 한 해 동안 공황장애나 불안장애로 병원을 찾는 사람이 70만 명에 이른다고 보도했다. 코로나가 닥친 이후에는 더 많은 사람이 이와 같은 심리적 장애를 겪지 않았을까 예측해 본다. 한 정신과 의사에 의하면 처음에는 이러한 증상을 겪은 사람들은 주로 응급실을 찾는다고 한다. 죽을 것같이 아프기 때문이다. 하지만 결국 병원을 돌고 돌아 정신과로 가게 된다. 이 병은 심리적 원인이 크게 작용하기 때문이다.

"숨이 안 쉬어져서 죽는 줄만 알았어. 그런데 주위에서는 다들 내가 너무 예민해서 그렇다고 하더라고."

심장이 멈출 것 같은 충격을 느낀 내 친구는 그날 제 발로 응급실을 찾아갔다. 병명은 공황장애였다. 결국 내 친구는 스스로 공부하고 운동하며 자신을 치유하기로 했다.

자존감을 처음으로 대중에게 알린 심리학자 나다니엘 브랜든(Nathaniel Branden)은 그의 저서 《자존감의 여섯 기둥》에서 "아무도 나를 구하러 오지 않는다"라고 말했다. 유명한 상담가이기도 한 그는 언제나 자신의 내담자에게 강조하는 것이 하나 있었다고 한다. 바로 '아무도 오지 않는다'라는 것이다. 즉 그 누구도, 상담가인 자신조차도 고통 중에 있는 내담자를 구할 수는 없다. 자신에게 존재의 권리를 줄 수 있는 사람은 오직 자신뿐이다. 이 사실을 깨닫는 사람만이 치유의 문을 열 수 있다. 나는 이 구절을 적은 쪽지를 눈에 제일 잘 띄는 곳에 붙여 두었다. 독서를 하면서 기억하고 싶은 구절들은 점점 늘어났다. 하루 하루 쌓여가는 일기도, 책을 읽고 써 내려가는 노트도 점점 두꺼워져 갔다.

돌이켜 보면 그날, 내가 동네 엄마와의 일상적인 만남을 거절한 것은 우연이 아니었다. 이제는 내 마음을 돌아보고 싶다는 내 영혼의 절규에 귀 기울인 덕분이었다. 도서관으로 갈 수 있었던 것도, 그 책을 고른 것도 다 같은 이유에서였다. 우연은 없었다. 사실 우리가 하는 말과 행동을 들여다보면 숨어 있는 갈망을 알 수 있다. 매일같이 반복되는 삶만을 고집하다 보면 우리는 결코 그 갈망을 들여다볼 수 없다. 내 안을 들여다보고 싶다면 하루쯤은 일상적인 하루를 거부할 줄 알아야 한다. 그리고 내가 진짜 원하는 대로 가보는 것이다.

엄마가 되더라도 나의 인생이 너의 인생이 되지는 않는다. 각자에게는 각자의 인생이 있다. 내 마음을 돌보는 것도 마찬가지다. 나는 늘 누군가가 내 마음을 알아주기를 기다리고 있었다. 내가 이렇게 힘들다는 것을 알아주고, 나를 돌봐주기를 기다렸다. 하지만 나는 깨달았다. 치유는 스스로 결심했을 때 일어나는 기적이라는 것을. 그날, 나는 나 자신의 치유자가 되기로 했다. "아무도 나를 구하러 오지 않는다." 나는 이 한 구절을 마음속에 새기고 또 새겼다.

무게중심이 나라야 흔들리지 않는다

"나는 다 괜찮은 것 같은데……."

신혼 살림살이를 고르던 중이었다. 결혼을 결심하자마자 수많은 선택이 우리를 대기하고 있었다. 상견례부터 결혼식, 신혼여행, 신혼집까지 뭐 하나 쉬운 결정은 없었다. 결혼식이 끝나고, 신혼여행 후에도 마찬가지였다. 가짓수는 조금 줄었지만 살림살이를 사거나 휴가 장소를 결정하거나 저녁 메뉴를 선택하는 것도 어느 것 하나 쉬운 것은 없었다. 둘이서 결정하다 보니 사실 내 의견만 주장할 수 있는 것도 아니었다. 나는 결국 남편에게 선택을 미루곤 했다. 하지만 아이가 태어난 후에 내가 결정해야 할 일은 더 늘어갔다. 젖병에서 아기 띠, 유모차, 책, 아이 침대까지 결정해야 할 게 너무나 많았다.

"이건 어때?"

언니와 친구들에게 전화해서 의견을 물어보고 인터넷을 종일 검색했다. '제발 누가 나 대신 결정해줬으면······.' 수많은 결정 앞에서 비로소 나는 알았다. '나는 결정이 참 두려운 사람이구나.'

그 누가 선택 앞에서 전혀 흔들리지 않을 수 있을까? 엄마가 되는 순간부터 고려해야 할 대상은 더 늘어난다. 도무지 흔들림이 멈추지 않는다. 그때 유일한 해결책은 다른 누군가에게 물어보는 것이다.

"이건 어떨 것 같아?"

이러한 결정장애는 일상의 사소한 것에서부터 인생의 중요한 문제까지 전 영역에 걸쳐 나타난다. 그리고 나를 마구 흔들어댄다.

"지금 이거 한번 해봐도 될까?"

어느덧 나는 일생일대의 중요한 결정마저도 누군가의 승인이 떨어지기를 기다리고 있었다. '남들처럼만 하면 돼. 가장 많이 하는 선택이 최선이야.' 그래서 나는 남들의 의견을 종합하여 결정한 선택에 만족했을까? '내가 원한 것은 그게 아니었어. 네 의견에 따랐을 뿐이야.' 원치 않은 결정 뒤에는 언제나 후회가 따랐다. 나는 그때 깨달았다. 그간 나는 흔들리기 싫어서 선택을 미루거나 선택을 맡겨왔다. 그리고 가장 무난한 선택을 해왔다. 하지만 결국 그 대가는 누군가에 대한 원망과 불평이었다.

29살의 크리스마스 이브, 나는 다니던 회사에 사표를 냈다. 캐럴이 퍼지는 거리, 혼잡한 인파 속을 통과해 지하철역으로 가면서 많은 생각이 오갔다.

"후회 없겠어? 내일까지 다시 생각 해보고 알려줘."

부장님의 마지막 말이 마음에 걸렸다. 하지만 나는 단호했다. 나는 더 늦기 전에 정말 내가 원하는 삶을 살아보고 싶었다. 하지만 내 단호한 결심도 부모님의 걱정 앞에서는 흐지부지되었다.

"너도 이제 삼십 대야. 현실을 생각해야지."

부모님의 염려에 결국 나는 내가 진짜 도전 해보고 싶었던 공부를 포기했다. 대신 자격증 공부하는 것으로 타협했다. 이후 종종 나는 아빠를 원망하곤 했다. '아빠는 왜 그때 내 선택을 더 믿어주지 않으셨을까?' 하지만 지금은 안다. 나는 그때 내 결정에 확신이 없었다는 것을. 사실 아빠는 딸이 걱정되어 한 진심어린 충고였다. 문제는 나였다. 나는 나를 믿지 못하고, 아빠의 선택을 믿었다. 그리고 그 뒤에 숨어 있기로 했다. '내가 최종 선택을 내리지 않는 것', 그것이 나의 유일한 선택이었다.

가진 것 없이 애가 둘 딸린 이혼녀, 할 수 있는 것은 연기뿐이었던 한 여자가 있다. 그 당시 브라운관에 비쳤던 다른 여배우들과는 사뭇 다른 개성 있는 외모와 허스키한 목소리, 대중들은 그녀를 탐탁지 않아 했다. 하지만 긴 세월 동안 가리지 않고 출연한 작품들 속에서 그녀의 탄탄한 연기력은 점점 더 빛을 발했다. 이제는 해외에서까지 그 실력을 인정받아 얼마 전 한국 배우로는 최초로 오스카 여우조연상을 거머쥐었다. 그녀는 배우 윤여정이다.

"한때는 사람들이 나보고 예민하다고 평가해서 온순해 보이려고 노력도 해봤는데, 오히려 스트레스만 더 쌓이더라. 그냥 내가 하고 싶은 일 하고, 하고 싶은 말 하면서 사는 게 최고인 것 같다."

그녀의 이야기를 다룬 수많은 기사가 앞다투어 쏟아졌다. 내가 흥미롭게 읽은 그녀의 인터뷰 내용이었다. 그토록 당당해 보이는 그녀도 남들의 눈치를 보았다는 내용에 이상하게 위로를 받았다. 그녀도 처음부터 강철 멘탈은 아니었을지 모른다. 살다 보니 그녀만의 신념이 생긴 것이다. 그 신념대로 살다 보니 그녀는 자신의 길을 찾았고, 그 길에서 뜻밖의 성공을 거두었다.

인생을 허비하지 않으려면 남 눈치를 보는 일은 이제 그만두어야 한다. 남 눈치 보지 말고 나는 나대로, 너는 너대로 살아야 한다. 그래야 오래간다. 가면은 언젠가는 벗어야 하기 때문이다. 무난한 삶은 지금은 안전해 보일지 모른다. 하지만 그 무난한 삶에는 내가 없다. 아무리 보기에 그럴듯해 보이는 삶이라도 그 속에 내가 없다면 무슨 소용이 있을까? '더는 결정장애자로 남아 있지 않겠다.' 오랜 시간이 지나고 나서야 비로소 나는 이런 결심을 할 수가 있었다. 나는 왜 그토록 결정이 두려웠을까?

첫째, 내가 나를 몰랐기 때문이다.

나라는 사람이 무엇을 원하고 어떤 가치를 원하는지 제대로 알지 못했기 때문이다. 가령 옷을 고른다 치자. 나는 편안함을 추구한다. 그런데 아름다움이 최고인 사람의 의견에 따라 결정한다면 어떨까? 결국, 그 옷은 나에게는 맞지 않을 것이다. 내가 추구하는 가치와 맞지 않기 때문이다.

둘째, 결정을 온전히 책임지기가 싫었기 때문이다.

완벽한 결정은 없다. 무언가를 하기로 한다는 것은 어떤 것은 포기한다는 것을 뜻한다. 나는 사실 그 어떤 것도 포기하기가 싫었다. 그 포기에 대한 결정을 내가 책임지기가 두려웠다.

지역과 종교를 뛰어넘어 많은 이들의 영혼에 깊은 울림을 주는 영성 작가인 안셀름 그륀(Anselm Grun) 신부의 《결정이 두려운 나에게》라는 책에 있는 '유익한 결정을 내리는 방법'을 소개한다.

"첫째, 자기 생각을 점검하라. 둘째, 다른 사람의 반응에 의존하기보다 자신의 마음을 먼저 살펴라. 셋째, 우리가 패배할 수도 있다는 것을 받아들여라. 넷째, 신뢰하라."

내가 그토록 흔들렸던 이유는 내 생각을 잘 몰랐기 때문이다. 그렇다면 이제 나를 알아가면 되는 것이었다. 얼마 전 두 번째 이사를 앞두고 남편에게 미리 말해 두었다.

"나는 온종일 집에 머무르잖아. 작은 방만큼은 나를 위해 꾸미고 싶어. 내 취향대로 말이야."

'내가 아는 나'는 혼자 있는 시간 동안 조용히 책 읽고, 글쓰는 시간을 사랑한다. '내가 아는 나'는 혼자만의 공간에서 좋아하는 음악에 깊이 빠져 드는 시간을 사랑한다. 조금씩 나는 나 자신이 좋아하는 것, 내가 느끼는 감정들을 알아간다. 그리고 내가 싫어하는 것들과 내가 두려운 것도 알아간다. 바로 이 모든 것이 '나'다.

《신과 나눈 이야기》의 저자 닐 도널드 월시(Neale Donald Walsch)는 "다른 사람들이 당신에 대해 어떻게 생각하는지를 걱정하는 한, 당신은 그들에게 소유된 셈입니다. 외부의 승인을 필요로 하지 않게 될 때 비로소 당신은 자신의 주인이 될 수 있습니다"라고 말했다.

내가 중심인 삶은 어떤 것일까? 그것은 제멋대로 결정하고, 남은 안중에도 없는 삶이 아니다. 그것은 자기밖에 모르는 무책임한 삶이다. 하지만 내가 중심에 있는 사람은 내 마음에 따른 결정을 하고, 그 결정에 온전히 책임을 진다. 남을 탓하거나 원망하지도 않는다. 이처럼 멋진 삶이 또 있을까? 이 사실을 깨닫고 난 후 나는 여기저기 흩어져 있던 무게 중심을 나에게 가져오기로 했다.

흔들리지 않는 사람은 없다. 흔들리지 않는 결정도 없다. 하지만 중심이 나라면 그 흔들림도 잦아들 것이다. 지금 나는 내 삶의 주인인가? 기억하자. 한 번뿐인 내 삶에서 언제나 중심은 나여야 한다.

진짜 나를 찾아가는 여정

"선생님. 꽃길만 걸으세요."

칠판에 빨간색, 파란색, 흰색 분필들로 크게 쓰인 아이들의 마지막 작별 인사였다. 나의 마지막 경력은 중학교 영어 교사였다. 담임교사를 하면서 아이들과는 미운 정 고운 정이 들었다. 매일 말썽은 부렸어도 너무나 예쁘고 순수했다. 그런 아이들의 아쉬움과 간절한 바람이 느껴졌다.

"선생님 너무 너무 섭섭해요."

"우리를 떠나는 만큼 꼭 꽃길만 걸으셔야 해요."

결혼 4년 차인 나는 아이들의 바람처럼 꽃길을 걸어가고 있을까?

고무장갑을 끼고 설거지를 하는 시간은 강연을 듣는 시간이다. 손은 부지런히 놀리면서 귀는 쫑긋 세워 강의 내용에 귀를 기울인다. 그날은 《우리가 인생이라 부르는 것들》의 저자 정재찬 교수의 강연을 듣던 중이었다. 순간 설거지를 하던 손이 잠깐 멈추었다. 강연 내용이 학생들이 내게 적어준 마지막 인사를 떠올리게 했기 때문이다.

"근데 여러분, 살아 보니까 뜻이 있는 곳에 길이 잘 없습디다. 아니면 뜻이 있는 데 그 길이 있긴 있는데, 거기엔 사람이 너무 많이 몰려 있어서 그 길이 내 차지가 되지 않습디다."

"그러면 내 인생이 망한 걸까요?"

이어폰을 통해 들리는 생생한 작가의 질문이 내 마음을 관통했다. 사실 아이들의 바람대로 나도 꽃길만 걷고 싶었다. 하지만 인생은 내 기대대로 되지 않았다. 살면서 어디 내 기대처럼 된 것이 있었던가? 그저 꽃길처럼 보였던 결혼생활마저도 살아 보니 그저 평범한 시멘트 길이다. 그마저도 아이를 낳고 난 후에는 울퉁불퉁 흙 길이 되어 버렸다. 아이를 키우다 보면 내가 만들어 놓은 길을 내 손으로 부숴야 할 때가 온다. 살아왔던 내 삶의 방식을 고수하는 것은 불가능하다. 내 하루 일과는 물론이고, 앞으로의 날들도 아이를 중심으로 돌아갈 수밖에 없다. 아이가 잘 먹고, 잘 자고, 잘 노는 것이 내가 오늘을 살아가는 이유이며 목적이 되어 버린다. 덕분에 나는 내가 알던 사회와는 점점 더 멀어지고, 내가 쌓은 경력은 아무 짝에도 쓸모가 없다. 내 이름이 뭔지, 내가 어떤 사람인지 궁금해 하는 사람은 아무도 없다. 나는 이제 이름 없는 '엄마', 혹은 '아줌마'의 대열에 진입했다. 설거지를 하던 바쁜 손을 멈추고 나는 잠깐 멍해졌다. 그리고 나에게 물었다. '그러면 내 이번 생은 망한 건가?'

저자 자신도 젊었을 때는 산 정상에 오르고 싶었다고 한다. 하지만 길이 자꾸 자신을 끄집어내려 원망도 했었다고 한다. 하지만 지금에서야 그는 깨달았다. '나는 바다로 가야 할 사람이었구나.' 그는 말한다. "자신이 뜻하지 않은 길에서 진정한 자신을 발견할 수가 있었다"고 말이다. 그렇다면 나는 어떨까? 과연 이 울퉁불퉁한 흙길에서 내 뜻을 발견했을까?

수염을 덥수룩하게 기른 채, 그는 청소차를 타고 곳곳의 음식쓰레기를 모으러 다닌다. 종일 차 안에서 생활하며, 음식물을 수거하러 나가는 그의 얼굴은 더없이 맑다. 그 맑음은 어디에서 오는 것일까? 환경미화원으로 20여 년을 살아오면서 그는 자기 천직을 찾았다. 그는 시인으로 더 유명한 청소부 금동건 씨다. 그는 원래 공부에 대한 열망이 컸다. 하지만 몸이 약해 7년이라는 시간 동안 병마와 싸워야 했다. 젊은 시절을 소비하고, 중풍 초기라는 통보까지 받았다고 한다. 수염을 기른 것은 중풍으로 인해 일그러진 얼굴을 감추기 위한 방편이었다. 그는 수많은 직업전선에 뛰어들었고, 마침내 환경미화원으로 오랜 세월을 보냈다. 하지만 처음부터 환경미화원을 천직으로 여기지는 못했다고 한다. 그런 그가 시를 쓰면서 점차 자신과 세상을 보는 눈도 달라졌다. 그는 한 번도 시를 배운 적이 없다. 그저 매일 일기를 쓰다 보니 시가 되었고, 시를 쓰다 보니 시인으로 등단하게 되었다.

"처음에는 고향에 대한 그리움이, 점차 제가 하는 일에 대한 생각들이 시가 됐습니다. 시는 저를 살게 하고, 버티게 하고, 존재하게 합니다."

2021년 5월 30일자 국제신문에 실린 그의 인터뷰 내용이다. 의도치 않은 아픈 몸, 그리고 어쩔 수 없이 공부를 그만두고 직업전선에 뛰어든 자신의 삶에서 그는 시인이라는 천직을 만나게 된다. 그는 울퉁불퉁 흙길에서도 자신의 꽃을 피워낸 것이다. 그의 시 마지막 부분을 찬찬히 읽어 보며 나도 내 삶을 돌아본다.

육신은 허기가 지고 만신창이가 되어도
시 한 구절 머릿속에 넣어 왔으니
시인이 된 청소부는 외롭지 않네

《어떻게 나답게 살 것인가》의 저자인 에밀리 에스파하니 스미스(Emily Esfahani Smith)는 우리 삶을 충만하도록 이끄는 것은 '행복'이 아니라, '삶의 의미'라고 말했다. 삶의 의미는 어떤 상황에서도 나를 지

탱해주는 것이다. 따라서 인생에서 삶의 의미를 발견한다면 어떤 상황도, 고통도 다 견뎌낼 수 있다고 말한다.

나는 누군가의 아내가 되고, 누군가의 엄마가 됨으로써 나 자신을 잃는 것은 아닌지 염려했다. 내가 예상한 기대에 어긋났기 때문이다. 어긋난 기대 사이로 문득 외로움이 밀려오기도 했다. 하지만 울퉁불퉁한 흙길에서 오히려 진짜 중요한 것들을 발견할 수가 있었다. 지금 나는 엄마라는 역할을 통해 내 삶의 의미를 완성해가는 중이다.

나는 그동안 행복의 모양마저 미리 정해둔 것은 아니었을까. 현모양처, 커리어우먼, 교사, 엄마라는 수많은 역할 안에 행복을 규정해 두고, 나를 그곳에 맞추기 위해 애썼던 것은 아닐까. 마치 슈퍼맨 옷을 입으면 강력한 힘이 생기듯, 나도 엄마라는 옷을 입으면 마치 바로 행복해질 것이라고 생각했던 것은 아닐까. 하지만 어떠한 역할도 그 자체로 행복을 가져다줄 수는 없다. 사실 그것들은 내 삶의 의미를 발견하기 위한 통로일 뿐이다. 그렇다면 나는 이제껏 썩은 동아줄을 잡고 있었는지 모른다. 나는 그 동아줄을 잡으면 행복해질 줄 알았다. 하지만 내가 누구인지 모르고 올라간 그곳에는 내가 생각한 행복이 없었다.

《톰 소여의 모험》으로 잘 알려진 미국의 소설가인 마크 트웨인(Mark Twain)은 "인생에서 제일 중요한 두 날은 태어난 날과 태어난 이유를 깨닫는 날이다"라고 말했다.

　나는 엄마라는 울퉁불퉁한 흙길을 만났다. 그 길에는 이정표도 없고 지름길도 없다. 하지만 어쩌면 이 흙길에서 비로소 내 인생의 의미를 찾을 수 있을지도 모른다. 내 앞에 놓인 이 여정을 충실히 가기만 한다면 말이다. 아니, 흙길이건 꽃길이건 상관없다. 내 인생의 의미를 잘 찾아 따라간다면 그 끝은 무조건 해피엔딩일 것이라는 확신이 들었다. 이 사실을 깨닫고 나자 보이지 않던 하나의 길이 끝없이 펼쳐졌다. 바로 진짜 나를 찾는 여정이 기다리고 있었다.

> 나를 무겁게 짓누르고 있는 비판 습관을
> 버리기 시작하자 큰 변화가 생겼다.
> 매일 끈적끈적 내 마음에 달라붙어 있던 죄책감,
> 수치심들이 하나둘 사라지기 시작했다.
> 비로소 나는 있는 그대로, 홀가분해지기 시작했다.

마음을 들여다보며 발견한 것들

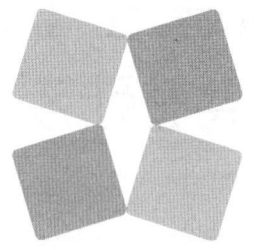

나를 향한 비판을 내려놓아라

"넌, 왜 인사를 안 하니?"

동네 친구 엄마를 보고도 인사를 안 하는 아들에게 나는 한마디 했다. 아이는 엄마의 타박을 듣고도 흘깃흘깃 곁눈질로 보기만 할 뿐이었다. 슬쩍 웃음 짓더니 손을 흔들어댔다.

"그렇게 말고 배꼽 인사를 해야지."

배꼽에 두 손을 가지런히 올리고 허리를 구부려 인사를 하는 아이들의 모습이 내 눈에는 너무나 사랑스러워 보였다. 우리 아이도 배꼽 인사를 할 때면 폭풍 칭찬을 해주었다. 그런데 어느 날부터인가 곧잘 하던 인사를 거부하기 시작했다.

"인사해야지."

"싫어!"

다른 사람들 앞에서 인사를 거부하는 통에 갑자기 내 얼굴이 화끈거렸다. 그래도 버티고 선 아이의 머리를 억지로 숙이려고도 해보았다. 그러나 소용이 없었다. 아이는 그 자리를 피해 달아나 버렸다.

"부끄러워서 그렇단 말이야."

저 멀리에서 아이는 외쳤다. 그리고 서러움에 울음이 터져 버렸다. 평소라면 달래 주었을 텐데, 인사만큼은 제대로 교육하고 싶었다.

"인사를 안 하면 안 되는 거야."

"왜?"

"음……. 인사를 안 하면……. 나쁜 거야."

급기야 입을 꾹 물어 버린 아이를 보니 걱정과 후회의 마음이 들었다. 나는 집으로 돌아오는 내내 마음이 무거웠다. '다른 아이들은 인사도 잘하는데, 저렇게 놔두어도 될까?' '혹시 아이는 인사를 안 하는 게 아니라 못하는 것 아닐까?' 유독 부끄러움을 많이 탄 어렸을 적 나의 모습이 떠올랐다.

나는 어른들에게 인사를 할 때면 입이 떨어지지 않았다. 그래서 방과 후에는 일부러 조용한 골목을 택해서 걷곤 했다. 나는 인사를 씩씩하게 하고 싶었지만 의지와는 달리 말문이 터지지 않았다. 어쩌면 나는 아이에게서 어린 시절 나의 모습을 보는 것이 싫었는지 모른다. '인사를 안 하면 안 된다'라는 말은 어린 시절의 나에게 하는 말이었다.

그래서 나는 더더욱 아이에게 인사를 강요했는지도 모르겠다. 나에 대한 부정적인 시선으로 인해 아이를 더 닦달했음을 알아차린 이후부터 나는 달라졌다. 더는 인사를 강요하지 않기로 했다. 쑥스러워 차마 인사를 건네지 못했던 아이의 마음을 믿어 주기로 했다. 그러자 신기하게도 아이는 자연스레 다시 인사를 하기 시작했다.

"이거 다 네 거야. 정리해서 가져가렴."

작년 추석, 친정에 들렀을 때였다. 엄마가 상자 하나를 내미셨다. 상자를 열어 보니 학창 시절 내가 친구들에게 받은 편지며 크리스마스 카드들이 들어 있었다. 그리고 낡은 일기장이 있었다. 꿈 많던 소녀 시절에 써 내려갔던 일기장을 참 오랜만에 펼쳐 보았다. 1998년 7월 20일자 일기에는 이렇게 적혀 있었다.

"나는 정말 멋진 사람이 되고 싶다. 다들 열심히 자기 할 일을 하는데 나는 왜 이럴까?"

울컥 눈물이 나왔다. 학창 시절의 나는 모범생에 속했다. 크게 말썽 부리는 일도 없었다. 학교와 학원, 그리고 집을 오가며 공부도 열심히 했다. 그런데 고2 때까지만 해도 괜찮았던 성적이 고3 때부터는 급히 하강하기 시작했다. 입시에 대한 두려움과 강박증 때문에 공부에 도무지 집중할 수가 없었다. 내가 정해 놓은 공부량은 많은데, 막상 책을 펴놓고는 글자가 하나도 눈에 들어오지 않았다. 독서실에 앉아 아무엇도 하지 않고 서너 시간을 통째로 흘려 보내기도 했다. 집으로 돌아오는 길, 버스에서 내려 아무도 없는 골목에 들어서서 엉엉 울었다. '나 정말 왜 이러지? 이러다가 입시도 인생도 다 망치는 건 아닐까?' '제발 정신 좀 차려.' 그런데 그 다음 날이 되어도 공부에 집중할 수가 없었다. 몸과 마음이 따로 놀았다. 내게는 하루하루 지옥 같았던 고3 시절이 겨우겨우 지나갔다. 그러나 제 실력을 다하지 못했다는 생각에 오랜 시간 괴로움에 시달려야 했다.

"여기는 좀 깨끗이 닦아야겠다."
"아니, 뭐가 더럽다고 그래?"

남편의 말에 괜히 뾰족한 말을 뱉어 버렸다. 남편은 그냥 한 말인데 나는 괜히 발끈했다. 아이 키우는 집이 깨끗하기는 쉽지가 않다. 그런 사실을 머리로는 알면서도 내 마음은 그렇지가 않았다. 육아와 살림이 평가받는 시험도 아닌데, 나는 스스로를 매일같이 시험대에 올려놓고 있었다. 안 그래도 스스로가 부족해 보이는데, 누군가가 무심코 한마디라도 하면 더 부아가 치밀었다. 내가 스스로 부족하다고 생각한 부분을 건드렸기 때문이다.

"어느 누구도 우리 상처의 직접적 원인이 될 수 없다. 다만 우리가 본래부터 갖고 있던 상처를 건드릴 뿐이다."

심리학자이자 영성 작가인 존포웰(John Powell Joseph)의 말처럼 그 누구도 내가 허락하지 않는 한 상처를 줄 수는 없다. 상처는 나만이 줄 수 있는 것이다.

나 자신의 치유자가 되기로 한 후에도 나는 종종 무너졌다. 한 발 나아가는 듯하면 한 발 후퇴했다. 조금도 나아지지 않는 제자리걸음을 걷는 것 같은 생각에 다시 무력해지곤 했다. 문득 18살의 나로 돌아가 집 앞 모퉁이에서 엉엉 울고 있는 나를 보게 되었다. 그 소녀는 "나는 정말 애를 쓰는데 뜻대로 안 돼요"라고 말하고 있었다. 무너진 나에게 어떤 말을 해줄 수 있을까?

"그래도 괜찮아. 네가 원해서 그런 게 아니잖아. 넌 정말 애썼잖아."
내가 원한 것은 이런 말이 아닐까?
"집 좀 더러우면 어때. 당신 종일 육아한다고 힘들었잖아."
정신없이 바쁜 일상을 보내고 난 후, 남편에게 듣고 싶었던 말도 이런 게 아니었을까? 그런데 정작 나 자신도 그 말을 나에게 해주지 못하고 있었다.

스위스 정신의학자이자 분석심리학의 개척자인 카를 융(Carl Gustav Jung)에 따르면 자신을 받아들인다는 것은 자신의 그림자까지도 받아들임을 뜻한다. 우리는 모두 그림자를 지닌 존재다. 그림자도 나의 일부다. 그림자는 지우고 없애야 할 대상이 아니라, 내가 품어야 할 나의 한 부분일 뿐이다. 우리는 자신의 그림자를 부정하고 비판할 것이 아니라, 그것을 받아들여야 한다.

  오랫동안 나는 습관적으로 모든 것을 판단해왔다. 내게 일어나는 사건들, 내가 만나는 사람들, 내가 살았던 어제, 그리고 나 자신까지도. 판단의 대상은 무궁무진했다. 하지만 판단하고 분석하는 일은 내가 행복해지는 데 전혀 도움이 되지 않았다. 내가 진정 행복해지는 데 필요한 것들은 '벌어지는 사건 그대로를 받아들이는 것, 상대방의 의도를 판단하지 않는 것, 나라는 존재를 있는 그대로 안아주는 것'이었다. 나는 이제껏 괜찮은 내가 되려고 너무 애써왔다. 그 출발점은 언제나 나를 향한 판단이었다. '남보다 너는 부족해. 그러니 너는 더 분발해야 해'라는 말로 나를 재촉했다. 하지만 나는 이제 나에게 말한다. '너무 애쓰지 않아도 괜찮아.' 정말이다. 너무 애쓰지 않아도 괜찮다. 나는 나대로 충분하다. 그래도 괜찮다.

  나는 아주 오래전부터 짊어진 무거운 짐을 내려놓았다. 그 짐 안에는 나를 향한 비판이 들어 있었다. 나는 드디어 나의 그림자를 수용하기로 했다. 나를 있는 그대로 품어 주기로 했다. 나를 무겁게 짓누른 비판 습관을 버리기 시작하자 큰 변화가 생겼다. 매일 끈적끈적 내 마음에 달라붙어 있던 죄책감, 수치심들이 하나둘 사라지기 시작했다. 비로소 나는 있는 그대로, 홀가분해지기 시작했다.

과거의 문을 닫고 현재의 문을 열어라

"이렇게 죽을 수는 없어."

파란 하늘, 아름다운 바다, 그리고 그 사이를 굽이치는 파도, 그야말로 망망대해에 나는 구명조끼도 없이 떠 있었다. 그날 아침에 아빠가 한 말이 생각났다.

"늘 조심해라."

'그 말이 마지막 인사가 될 줄이야.' 다른 생각을 할 겨를도 없이 어느새 또 파도가 덮쳐왔다. '한 번만 더 파도가 덮치면 나는 가라앉을지도 몰라. 더 헤엄칠 힘도 없어.' 나는 헤엄을 치던 두 팔에 힘을 뺐다. 그리고 하늘을 향해 누웠다.

뜨거운 여름이 시작되기 직전이었다. 친한 친구들과 함께 바다로 여행을 떠났다. 그날은 유독 파도가 거셌다.

"그래도 한 번은 들어가야지."

"그래? 그럼 다같이 들어가자."

날이 좋지는 않았지만, 이왕 온 거 바다에 들어가기로 했다. 큰 튜브 하나에 네 명의 친구들이 매달렸다. 우리는 거침없이 바다로 나갔다. 큰 파도가 몇 번 치더니 우리가 탄 튜브는 어느새 바다 한가운데에 있었다. 정말 순식간이었다. 친구들과 함께 팔을 저어 보았지만 한 치 앞도 나아가지 않았다. 다시 한 번 파도가 쳤다. 나는 손에 힘이 빠져 튜브를 놓치고 말았다. 놀란 친구들의 얼굴이 보였다. 나는 친구들을 안심시켰다. 수영을 오랫동안 배워왔던 터라 바다 수영이 그리 두렵지 않은 나였다. 하지만 이안류(離岸流)의 위력은 대단했다. 튜브와 나 사이의 거리가 점점 더 벌어졌다. 친구들의 얼굴은 사색이 되었다. 친구들의 말도 더는 들리지 않았다. 물은 계속 입 안으로 들어오고 있었다. 나는 직감했다. '이 파도는 멈추지 않을 거야. 나는 결국 물 아래로 가라앉고 말 거야.' 나는 곧 닥쳐올 나의 죽음을 예상했다. 나는 정말이지 두려웠다. 하지만 두려움에 떨고 있는 나와는 달리 저 멀리 보이는 바닷가의 풍경은 몹시 평화로웠다. 바닷가에 남아 있는 몇 명의 친구들은 지금 이 상황을 전혀 모르고 있었다.

평생을 애써왔다. 나의 마지막이 헛되지 않기를 바랐기 때문이다. 잘 살고 싶었다. '그런데 이렇게 허무하게 마지막을 맞다니…….' 나이 서른에 직장을 관두고 공부하기로 마음먹었을 때 나는 나의 모든 것을 걸었다. 낮에는 학원 강사로 일했다. 그리고 저녁에는 대학원 수업을 들었다. 4학기에는 학원을 관두고 임용시험을 위해 고시원 생활을 했다. 고시원에서 낮에는 졸업 논문을 쓰고 저녁에는 고시 준비를 했다. 그렇게 절박했고 치열했다.

  고시원 앞 골목 안에는 작은 치킨집이 있었다. 금요일 저녁, 치킨 한 마리에 맥주를 두고 큰 목소리로 떠드는 사람들의 모습을 보고 있노라면 마음이 괴로웠다. 바다 한가운데 죽음을 목전에 두고서 내가 떠올린 장면은 치킨집 앞의 나의 모습이었다. 무거운 가방을 짊어지고 치킨집 앞을 지나가는 나의 모습, 두 어깨는 축 처져 있고 생기라곤 찾아볼 수 없는 눈빛이었다. 그 순간 말할 수 없는 후회가 밀려왔다. '나는 이 빛나는 인생을 왜 빛나게 살지 못했을까?' 몇 번의 파도가 오가는 아주 짧은 순간이었지만 주마등처럼 나의 과거의 장면들이 스쳐 지나갔다. 남의 눈치를 보느라 내 삶을 제대로 살지 못한 찌질한 내 모습이 참 안타까웠다. '이토록 짧은 인생에 뭐하러 원치 않는 것들을 하느라 시간을 허비했을까?' 후회가 밀물처럼 밀려왔다. 정말 이렇게 허무하게 죽음을 맞을 줄은 몰랐다.

물론 나는 죽지 않았다. 다행히 바닷가에 남아 있던 친구들이 우리가 위험에 빠졌음을 알아챘기 때문이다. 곧바로 친구들은 퇴근하려던 구조대원을 찾아냈다. 두 명의 구조대원이 우리를 향해 헤엄쳐 왔다. 그리고 그중 한 사람이 나를 발견했다. 그리고 가까스로 우리는 바닷가로 나올 수 있었다. 지금 생각해도 아찔한 경험이었다. 그 경험으로 나는 두 번째 삶을 얻었다.

나는 그날 '현재는 선물이다'라는 말의 의미를 깨달았다. 우리는 언제 죽을지 모른다. 오늘이 진짜 마지막이 될 수도 있다. 나는 죽음 앞에서 후회했다. 그것은 '더 공부할 걸', '더 성공할 걸', '더 노력할 걸'과 같은 것이 아니었다. 내가 한 후회는 단 하나였다. '내가 진짜 원하는 삶을 살아볼 걸.' 나는 두 번째 삶을 얻고 나서 굳게 맹세했다. 다시는 '지금, 이 순간'을 헛되이 보내지 않겠노라고. 다시 죽음이 다가왔을 때 지금처럼 후회하며 맞고 싶지는 않았다. 그렇게 하기 위해서는 내가 진짜 원하는 삶을 살아야 했다.

나는 매 순간 '이건 내가 진짜 원하는 것인가?'를 질문하기로 했다. 사실 정년까지 꼬박꼬박 월급 주는 안정된 직장에 들어가기 위해 지금, 이 순간을 희생하는 일은 내가 진짜 원하는 삶이 아니었다. 나는 가슴 뛰게 살고 싶었다. 나를 설레게 하는 일에 몰입하며 살고 싶었다. 하지만 결혼을 하고 육아를 하다 보니 내 두 번째 삶도 첫 번째 삶과 다르지 않았다. 굳은 결심은 잊혀져 갔고, 어제와 같은 편안하고 안정된 생활만을 위해 하루하루를 보내고 있었다. 대부분의 시간을 어제 했던 그 생각을 반복하며 살고 있었다. 육아라는 것이 그렇다. 매일 반복되는 노동으로 하루를 채우다 보면 사실 내가 진짜 원하는 것을 묻는 일은 사치일 뿐이다. 하지만 그렇게 살다 보니 나는 무기력해졌다. 습관적으로 휴대폰을 들여다 보고, 좀 전에 봤던 뉴스를 다시 보고 있었다. 자꾸 부정적이고 자극적인 기사들을 접하다 보니 나도 점점 부정적인 사람이 되어갔다.

《What To Say When You Talk To Your Self》로 베스트셀러 작가가 된 미국의 심리학자인 셰드 햄스테더(Shad Halmstetter)에 의하면 보통 사람들은 하루에 5만에서 6만 가지 생각을 한다고 한다. 그중 15% 정도는 긍정적인 생각들이고, 85%가 부정적인 생각들이라고 한다. 또한 신생물학을 이끌어가는 세계적인 학자인 《The Biology of Belief》의 저자인 브루스 H. 립튼(Lipton, Bruce H.)에 의하면 우리 인생의 95%는 잠재의식의 프로그램에 따라 형성이 되고, 나머지 5%만이 의식을 사용한다고 한다. 바로 그 5%는 창의적인 생각을 뜻한다.

위의 두 학자에 따르면 우리는 하루의 대부분을 부정적인 생각으로 채우고, 어렸을 때 형성된 잠재의식에 따라 살아갈 뿐이다. 우리는 15%의 긍정적인 생각과 5%의 창의성을 잘 사용할 때 정말 내가 원하는 삶을 살아갈 수 있다.

육아는 참 힘들다. 나처럼 혼자 하는 육아라면 더더욱 그렇다. 하지만 이것이 내 삶을 살지 못하는 핑계가 될 수는 없다. '사람들은 생각한 대로 살지 않고 사는 대로 생각한다'는 말이 있다.

비록 육체적으로 힘들고 여유도 없었지만, 내가 가진 5%의 의식을 사용해야 했다. 사실 인생에서 내가 진짜 원하는 삶에 다가서는 것을 막을 장벽은 '나' 외에는 없었다. 나는 여러 책을 통해 '내가 가진 삶에 대한 생각을 바꿔야 한다'는 통찰을 얻었다. 문제는 환경이 아니라 삶이다. 환경은 바꿀 수 없을지라도 삶은 바꿀 수 있다. 내 삶은 어떠한 환경에서도 내가 원하는 방향으로 나아갈 수 있다. 환경에 핑계를 두고 내 삶을 살지 못한다면 후회할 사람은 누구인가? 나는 종종 바다에서 빠져 죽을 뻔했던 그날을 떠올린다. 후회는 온전히 나의 몫이었다. 죽음 앞에서 이 후회에 책임을 질 누군가는 없었다. 자신이 원하는 삶을 성공적으로 산 사람들은 환경을 탓하지 않는다. 단지 주어진 오늘을 최선을 다해 가슴 설레게 살아내기를 선택했을 뿐이다. 지금 내 앞의 장애물에도 불구하고 나의 삶을 포기하지 말아야 한다. 그 누군가가 했다면 나도 할 수 있다. 나도 내 삶을 가슴 뛰게 살 수 있다. 내게 주어진 선물 같은 지금, 여기서 말이다.

"우리에게 필요한 것은 매 순간이지 그 이상이 아니다."
영국 작가인 루신다 바디(Lucinda Vardy)의 말처럼 우리는 언젠가 행복해지기 위해서 오늘 느낄 행복을 양보할 필요는 없다. '이 빛나는 삶을 어떻게 하면 빛나게 살 수 있을까?' 나는 바다에서 했던 그 질문을 다시 나에게 던졌다.

내가 열 수 있는 유일한 문은 현재의 문밖에 없다. 과거는 지나갔고, 미래는 오지 않았다. 과거의 문은 이미 닫혔고, 미래의 문은 아직 열리지 않았다. 현재의 문을 활짝 열고, 지금 이 순간 내가 원하는 것에 집중해 보자. 사랑하고, 행복하고, 원하는 일을 해야 할 순간은 바로 지금이다. 죽음 앞에서 후회하지 않을 방법은 바로 내가 원하는 삶을 지금 사는 것밖에는 없다.

착한 아이 콤플렉스 벗어나기

"네가 고추밭에 터를 팔았네."

어린 시절 피아노학원 선생님이 내게 자주 한 말이다. 나는 그 말이 무슨 뜻인지 몰라 엄마에게 물었다. 그러나 엄마의 설명은 석연찮았다. 나는 내 나름대로 추측해 보았다. 두 명의 언니와 한 명의 남동생이 있는 셋째 딸, 바로 그런 서열을 두고 말한 게 아닐까?

'남동생을 낳게 해준 고마운 존재가 나였다니…….' 내 존재가 왠지 이쪽과 저쪽을 잇는 징검다리 같다고 생각했다. 첫째 언니와 넷째 동생을 이어주는 징검다리 말이다. 그렇다면 내 존재는 누군가를 위한 것인가?

엄마는 평생 자식들에게 사랑을 공평하게 나눠 주려고 애쓰셨다.

하지만 엄마의 노력에도 불구하고 나는 왠지 모를 섭섭함과 서운함이 항상 있었다. 더 사랑받기 위해서 더 착한 딸이 되어야 할 것만 같았다. 하지만 그 착하다는 기준을 위한 내 행동들은 왠지 모르게 불편하고 어색했다. 솔직한 감정을 표현하기에 서툴렀다. 또한 불편한 말들은 되도록 피했다. 언제나 나는 자신을 검열했다. '혹시 내 말이 상대방의 기분을 나쁘게 하지는 않을까?'라고 끊임없이 생각했다.

어른이 되어서도 마찬가지였다. 직장에서는 지나치게 윗사람의 눈치를 봤고, 친구의 부탁이나 약속도 거절하지 못했다. 그러니 모든 만남이 피곤하게 느껴졌다. 혼자 있는 것이 오히려 편안했다. '내가 이렇게 배려하는데도 왜 알아주지 않을까?' 나는 누군가에게 실컷 잘하고 나서 억울함이 북받치곤 했다. 하지만 과연 상대방은 나의 이런 행동이 편안했을까? 나는 상대방을 위해 맞춰 주려고 노력했지만, 상대방은 오히려 이런 행동이 부담스럽거나 불편했을지도 모른다.

'결혼하고 엄마가 되면 나아질 거야.' 하지만 나의 예상과는 정반대였다. 연애할 때는 보여주지 않았던 나의 진짜 모습을 드러낼 수밖에 없다. 때로는 불친절하고 퉁명스럽고 이기적인 나의 진짜 모습 말이다. 특히 엄마가 되고 보니 나만 억울한 것이 더 많아졌다. 처음에는 혼자 하는 육아도 잘 참는 듯했다. 나는 착하고 좋은 엄마가 되고 싶었기 때문이다. 하지만 참는 것에는 한계가 있었다.

'엄마도 늘 자신을 희생하기란 어려워. 왜 육아는 나 혼자 해야 해?'

나는 억울한 마음을 지울 수가 없었다. 마음속으로 억울함을 참고 견디기만 하면 언젠가는 폭발하기 마련이다. 정말로 가정의 평화를 원한다면 내 안의 억울함이 없어야 했다. 내 마음이 먼저 평화로워야 했다. 엄마의 마음이 편안하지 않은데 어떻게 가정이 평화로울 수 있을까? 나는 나 자신의 마음을 그대로 인정해 주기로 했다. 나는 이제는 '착하고 좋은 엄마'가 되기 위해 애쓰며 억울해 하지 않기로 했다.

"어머 이마가 왜 그래?"

평일 오후 어린이집에 아이를 데리러 갔을 때였다. 아이의 뽀얀 이마에는 붉게 긁힌 상처가 나 있었다.

"누구랑 싸운 것 같은데 그게 누구인지 도통 말을 안 해요. 아마도 다른 아이가 혼날까 봐 말을 안 하는 것 같아요."

선생님은 미안해 하며 내게 말했다. 상처가 난 것은 마음 아팠지만, 아이의 행동이 대견하기도 했다. '어리지만 친구를 배려할 줄 알아서 다행이야.' 하지만 나는 곧바로 칭찬하지 않았다. 건강한 아이는 남의 감정보다 자신의 감정을 먼저 살핀다고 했다. '혹시 우리 아이가 남의 감정을 먼저 살피는 아이는 아닐까? 그건 좋은 게 아니라고 했는데…….' 나는 불현듯 걱정되었다. 그래서 칭찬 대신 아이를 안아주며 말했다.

"친구 혼날까 봐 그랬구나. 그런데 앞으로는 선생님께 사실대로 말해야 해."

"왜 그래야 하는데?"

"너도 아팠잖아. 참는 게 다 좋은 것은 아니야."

'착하다'는 말은 왜 좋은 칭찬이 아닐까? 일본의 심리학자 가토 다이조는 《착한 아이의 비극》에서 "착한 아이는 자신을 좋아해 주기를 바라는 마음에서 도움을 주기 때문에 제대로 된 인간관계를 맺을 수 없다"라고 말했다. 사실 아이는 본래 자기가 하고 싶은 대로 행동한다. 그게 가장 아이다운 것이다. 그러므로 과도하게 착한 아이는 사실 부자연스러운 아이다. 자신이 느끼고 하고 싶은 대로 해봐야 남들도 그렇다는 것을 알 수 있다. 진짜 배려는 그 후에 해도 된다.

엄마가 되어서 내가 할 수 있는 칭찬은 대게 '착하다'였다. 대학원에서 몇 년간 한 교육학 공부도 실전에는 아무 소용이 없었다. 오랜 세월 몸에 밴 나의 언어습관 때문이었다. 사람들은 주로 어려서부터 부모에게 '착하다' 혹은 '나쁘다'라는 평가를 받고 자란다. 그러니 이 말을 듣고 자란 우리도 다른 말들이 잘 떠오르지 않는 게 당연하다.

"아유, 밥도 혼자 다 먹고 참 착하다."

"엄마에게 그렇게 계속 때 쓰면 나쁜 아이야."

습관이 된 말은 잘 고쳐지지 않았다. 딱히 다른 말이 생각나지도 않았다. 하지만 계속 잘못된 칭찬을 할 수는 없었다. 아이에게 착함을 강요하는 것은 아이다움을 잃는 것임을 알았기 때문이다. 나는 이런 나의 언어습관이 더 굳어지기 전에 고쳐 나가기로 했다. '착하다'는 말 대신 아이의 구체적 행동을 칭찬하려고 노력했다. 그리고 자신보다 남을 배려하는 행동을 과하게 칭찬하지 않으려고 했다. 내 아이가 남에게 착하기보다는 스스로 행복하기를 바랐기 때문이다.

일본의 기업가이자 《부자의 습관》의 저자 사이토 히토리는 "신은 자신의 생활을 망치면서까지 남을 도우라고 하지 않는다. 제일 먼저 행복해져야 할 사람은 자기 자신이다"라고 말했다. 내가 행복해지는 데 죄책감을 느끼지 말아야 한다. 꼭 내가 착해야, 희생해야 만이 누군가가 행복해지는 것은 아니다. 나도 행복하고, 너도 행복할 수 있다. 행복은 스스로 만들어 나가는 것이다. 나는 그 사실을 부모가 되어서야 알았다.

내가 잘해 주고 억울했던 이유는, 남을 배려하느라 나는 방치했기 때문이다. 착해야 사랑받을 수 있다고 생각했기 때문이다. '너는 너만 생각하는구나!' 누군가가 이런 말을 내게 할까 봐 오래도록 두려워했다. 하지만 이제는 누군가가 그렇게 말한다고 해도 휘둘리지 않을 것이다. 오히려 당당하게 '나는 나를 먼저 생각해. 그게 뭐 어때서?'라고 말할 수 있을 것만 같다. 사실 자신을 먼저 배려할 줄 알아야 남에게도 배려할 수 있다. 그리고 누군가를 배려한다는 것은 그 사람이 편안하게 느끼도록 해주는 것이다. 서로가 편안해야 진짜 편안한 관계다.

하버드 대학 심리학과 교수 조지 B. 피터슨(Jordan B. Peterson)은 그의 책 《12가지 인생의 법칙》에서 인생의 가장 중요한 법칙들을 아래와 같이 소개했다.

"자세부터 반듯하게 잡아야 한다. 구부정하고 웅크린 자세를 당장 버려라. 당신 생각을 거침없이 말하라. … 허리를 쭉 펴고 정면을 보고 걸어라. 좀 건방지고 위험한 인물로 보여도 괜찮다."

지금 내 자세는 어떠한가? 누군가에게 맞추느라 휘어져 있지는 않은가? 그렇다면 이제라도 허리를 곧추세우자. 언제나 당당하게 나의 눈높이에 맞춰 걸어야 한다는 사실을 잊지 말자. 그래야 도움이 필요한 누군가에게 맞춰 줄 수 있다. 지금 굽은 허리를 펴고 고개를 들자. 그리고 내 생각을 당당하게 표현하자.

착한 엄마가 아니면 좀 어떤가? 착한 척하느라 억울한 엄마보다는 나답게 행복한 엄마가 백 배 낫다. 그러니 이제는 그동안 나를 짓눌렀던 가면을 벗어던지자. 착한 아이라는 가면을 훨훨 벗어던져 보자.

불행해지고 싶다면 비교하라

"꽃 그려본 적 있으세요?"

"아, 한 번도 없어요."

"다른 분들 다 비슷해요. 맘 편히 그려도 돼요."

아이가 어린이집에 가게 되자 내게도 두세 시간 정도의 여유가 생겼다. 나는 그간 눈여겨보았던 보태니컬 아트 강좌를 신청했다. 수강생들 대부분은 나와 같은 엄마들이었다.

처음 시작할 때는 잠시 다른 곳에 머무는 것만으로도 좋았다. 나만을 위해 무언가를 하는 것이 참 오랜만이었기 때문이다. 조용한 교실에 스케치하는 연필 소리, 그것만으로도 마음에 안정을 가져다주었다. 나를 비롯한 10명 남짓의 수강생들 모두 열심히 각자의 그림을 그렸다. 하지만 점차 수강생들 간에 실력 차가 벌어지기 시작했다. 나는 수업 시간 외에는 스케치북을 펼칠 시간이 나지 않았다. 오로지 수업 시간에만 그림을 그릴 수가 있었다. 하지만 다른 사람들은 나와는 달랐다. 연습하는 만큼 실력이 점점 늘어갔다.

어느 날이었다. 옆에 앉은 엄마 수강생의 그림에 자꾸만 눈이 갔다. 섬세한 터치감이 느껴지는 아름다운 꽃이 완성되어 가고 있었다. 그에 비해 내가 그리고 있는 꽃은 아직도 턱없이 빈약하고 부족해 보였다. '그토록 배우고 싶었던 그림이었는데……. 나는 왜 이렇게 실력이 늘지 않는 거야?' 다른 사람과의 비교로 나는 우울해졌다. 사실 다른 수강생들과 나는 상황이 달랐다. 다른 분들에 비해 나는 아이가 많이 어렸다. 아직 아이에게 손이 많이 가는 게 당연했다. 혼자 그림 연습할 시간이 부족할 수밖에 없었다. 그런 점은 고려하지 않고, 다른 사람과 나를 비교하기 시작했다. 그리고 이미 시작된 비교는 좌절감을 가져다주었다. '이렇게 스트레스받을 바에는 차라리 밀린 잠이나 자자'는 생각이 들었다. 결국 나는 차츰 그 수업에 빠지기 시작했다.

생각해 보면 어려서부터 이런 패턴은 계속되었다. 나는 끊임없이 다른 사람과 비교했다. 곧잘 하다가도 남들과 비교를 하면 곧 열등감을 느끼고 포기해 버렸다. 어쩌면 태어나면서부터 남들과의 비교는 삶의 일부가 된 것 같았다. 두 언니와 동생 틈에서 키도 제일 작고, 외모도 뛰어나지 않았다. 학교와 직장에서도, 비교의 저울질은 끝나지 않았다. 언제 어디에서나 나보다 뛰어난 사람은 늘 있었고, 나보다 더 잘난 사람도 많았다.

엄마가 되면서 나는 이 비교의 늪에 더 깊숙이 빠져들고 말았다. 그도 그럴 것이 엄마가 되는 과정은 모두 비슷하기 때문이다. 열 달의 임신을 하고, 아이가 손이 덜 가는 4~5세가 될 때까지 아이의 손발이 되어 주어야 한다. 그리고 그 이후에는 교육에 매진한다. 그 길에서 비교의 늪은 곳곳에 도사리고 있다. 영·유아기를 거쳐 청소년기를 지나 성인이 될 때까지 우리는 끊임없이 다른 집과 비교할 수밖에 없다. 이처럼 비교라는 습관은 끈질기게 우리를 따라다닌다. 하지만 계속되는 비교 습관은 내게 불행을 가져다줄 뿐이었다. 내가 결국 그림을 그리고 싶었던 꿈을 포기하게 된 것처럼 말이다.

그렇다면 비교하는 마음을 완전히 없앨 수는 있을까? 그것은 불가능하다. 우리는 사회적 동물이니까, 남들과 살다 보면 자연스레 비교할 수밖에 없다. 사실 비교가 늘 나쁜 것도 아니다. 우리는 비교를 통해 무언가를 배우고 깨닫기도 한다. 나는 그림 수업을 그만두기 전에 이렇게 생각할 수도 있었다. '나는 다른 엄마들보다 연습 시간이 부족해. 그래도 아이가 어린이집에 잘 적응하면 나도 시간을 더 많이 낼 수 있어. 그때까지는 더디게 느껴지더라도 수업에 성실히 참여하자. 다른 엄마들처럼 말이야.' 이처럼 건강한 비교는 내 성장에 도움이 되기도 한다. 그렇다면 우리는 비교하는 법을 제대로 배워야 한다. 비교와 사이좋은 친구가 되어야 한다.

피해야 할 일은 비교를 통해서 '내 인생의 값어치'를 매기는 것이다. 또는 내 능력을 평가하는 것이다. 만약 남과의 비교로 자신의 삶이 불행하게 느껴진다면 진지하게 물어보아야 한다. '이것이 내가 아이에게 물려주고 싶은 삶의 태도인가?' '아이는 부모의 등을 보고 자란다'는 말이 있다. 아이는 나의 이런 비교 습관을 그대로 보고 배울 것이다. 이런 태도를 아이에게 물려주고 싶은 부모는 아마도 없을 것이다.

"행복의 가장 중요한 요건은 기꺼이 본래의 자기대로 사는 것이다."

네덜란드의 인문학자이자 종교학자인 에라스무스(Desiderius Erasmus)의 말처럼 행복은 비교에서 오는 것이 아니고 자신의 모습에 만족하는 것에서 온다. 하지만 혼자 살아갈 수 없는 이 세상에 비교 대상을 만나지 않기란 힘들다. 그렇다면 어떻게 우리는 비교에서 멀어지고, 자기의 모습대로 살아갈 수 있을까?

첫째, 비교하는 마음을 인정해주면 된다.

사실 비교는 더 잘하고 싶은 마음에서 비롯된 것이다. 그러니 나에게 이렇게 말해주면 된다. '내가 더 잘하고 싶었구나.' 좌절하거나 포기하지 않고, 내가 더 잘하고 싶었다는 마음만 인정해주면 된다. 그러면 비교로 인한 불안은 자연스레 가라앉는다.

둘째, 모두 각자의 행복과 불행이 있다는 것을 깨달으면 된다.

행복하기만 한 사람은 없다. 고통이 없는 삶도 없다. 내가 부러워했던 사람도 나의 어떤 점이 부러웠을 수도 있다. 나는 홀로 육아를 하면서 다른 가정들과 줄곧 비교를 해왔다. 하지만 다른 집도 다 각자의 말 못할 사정들이 있다는 것을 알게 되었다. 내가 그토록 부러워했던 집도 사실 알고 보면 우리와 별반 다르지 않았다.

셋째, 비교할 대상은 오로지 나라는 사실을 기억해야 한다.

우리는 내 안을 보기 전에 외부를 먼저 바라본다. 다음은 고대 그리스 스토아학파의 대표적 철학자 에픽테토스의 말이다.

"유명한 사람, 권력 있는 사람, 높은 평판을 지닌 사람을 바라볼 때 '저 사람은 행복하겠구나'라고 믿으며 그러한 심상에 마음을 사로잡히지 않도록 주의하라. 왜냐하면 그 좋음의 실체가 '우리에게 달린 것'에 속한다면 선망이나 질투가 생겨날 여지가 없기 때문이다."

그에 따르면 '우리에게 달린 것'은 원래 자유롭고 방해받지 않으며, 타인에게 간섭받지 않는 것이다. 애초에 우리가 가진 보물은 다른 것들과 비교할 수 없는 성질을 가졌다. 그러므로 다른 사람이 가진 것과 내가 가진 것을 비교할 필요가 없다. 대신 어제 내가 가진 보물을 오늘 더 잘 가꾸었는지를 살펴보자. 오직 어제의 나와 비교하고 성찰하자. 다른 사람과 비교할 시간에 차라리 자신의 꿈에 몰두하자.

아무리 노력해도 비교의 늪에서 벗어나지 못한다면 나를 힘들게 하는 그 누군가의 소식은 잠깐 꺼두자. 내 눈앞에 안 보이면 자연스레 비교의 마음도 잊혀간다. 내가 조금 더 편안해지면 그때 그 사람의 소식을 보아도 된다.

세상의 이치는 인간의 짧은 생각을 뛰어넘는다. 이 세상은 누군가 올라가면 누군가 내려가는 시소가 아니다. 그것은 누군가가 심어준 고정관념일 뿐이다. 우리가 알아야 할 사실은 우리 모두 각자의 존재 자체로 빛난다는 사실이다. 하지만 자신의 가치를 남과의 비교를 통해 평가한다면 결코 우리는 제대로 빛날 수 없다. 단지 누군가의 별을 빛나게 해주는 조연이 될 뿐이다.

"당신의 인생을 다른 사람들과 비교하지 마십시오. 해와 달은 비교할 수 없습니다. 그들은 때가 되면 빛납니다."

오래전 누군가가 한 이 말처럼, 우리는 유일하고 고유하다. 지구상의 모든 사람은 각기 다른 존재다. 그렇다면 왜 '나'라는 별을 다른 별과 비교해야 하는가? 우리는 모두 다른 별일 뿐이다. 비교에 관해 알아야 할 한 가지는, 진짜 비교의 기준은 오로지 '나'일 뿐이라는 것이다. 불행에 이르고 싶다면 남과 비교하면 된다. 하지만 행복해지고 싶다면 그 비교의 늪에서 벗어나야만 한다.

감정은 무죄, 판단은 유죄

"왜 또 울어?"

나도 모르게 퉁명스러운 말이 튀어나왔다. 아이와 함께 놀이터에서 실컷 뛰어놀고 난 후 집으로 향하는 길이었다. 아이가 아파트 엘리베이터 앞에서 느닷없이 울음을 터뜨렸다.

"내가 누를 수 있었단 말이야."

알고 보니 아이는 엘리베이터 버튼을 누를 순간만을 기다리고 있었다. 그런데 내가 무심결에 그 기회를 가로챘다. '아차' 하는 순간, 아이는 사람들 앞에서 목청껏 울기 시작했다.

"미안해. 미안해. 그럼 지금이라도 다시 내려가서 누를까?"

"싫어! 내가 혼자 할 수 있었단 말이야. 엄마 나빠."

아이는 계속 같은 말만 반복했다. 나는 놀이터에서 아이와 실컷 놀아주고, 기분 좋게 들어와 함께 맛있는 저녁을 먹을 계획이었다. 그런 나의 노력과 계획이 물거품이 되는 순간이었다. 아이의 울음이 그칠 기미가 보이지 않자 점점 내 인내심도 한계에 다다랐다.

"그럼 어떡하라고? 엄마가 실수로 그런 거잖아."

엄마의 화난 말투에 아이는 서러운지 더 크게 울었다. 이런 난감한 상황은 자꾸만 반복되었다. 방법을 찾아야만 했다. 가장 효과가 뛰어난 방법은 바로 '감정 짚어주기'였다. 아이의 화가 가라앉기를 기다렸다가 나는 이렇게 말해 주었다.

"스스로 할 수 있었는데 엄마가 해버려서 화가 나고 서운했구나?"

생각보다 쉬운 방법이었다. 나는 이제껏 아이가 우는 원인에만 집중했었다. 하지만 아이는 자신의 그 감정을 먼저 이해받고 싶어 했다. 아이가 화가 난 이유를 말하고 난 후 아이의 감정을 짚어주면 아이의 분이 조금 풀리기 시작했다. 그제야 아이는 눈물을 그치고 내 품에 꼭 안겼다. 하지만 이 '감정 짚어주기 방법'을 알아내기까지 나는 많은 시행착오를 겪었다.

나는 엄마라면 당연히 아이의 감정을 받아 주고 처리해야 한다고 믿었다. 하지만 감정을 처리하는 것과 감정을 이해하는 것은 달랐다. 엄마가 아무리 대단해도 아이의 감정까지 겪어줄 수는 없다. 하지만 최소한 아이의 감정을 비추는 거울이 되어 줄 수는 있다. 아이는 자신도 몰랐던 감정을 엄마가 잘 비춰 주고, 짚어 주기만 해도 한결 편안해 한다. 예전에는 아이가 울고 떼쓸 기미만 보여도 심장이 두근두근 뛰었다. 아이의 감정을 어떻게든 억누르거나 처리하려고 했기 때문이다. 아이와 감정 씨름을 할 생각만 해도 마음이 무거워졌다. 하지만 이제는 훨씬 나아졌다. '감정 짚어주기 방법'을 알았기 때문이다.

그런데 내가 아이의 감정 대처에 편안해진 진짜 이유는 따로 있었다. 바로 아이의 감정을 비추어 주며 나의 감정도 비출 수 있었기 때문이다. 그전에는 무조건 화를 내거나 화를 억누르려고만 했다. 하지만 아이에게 그 방법이 통하지 않았듯, 나에게도 그것이 결코 효과적이지 않았음을 알게 되었다. 그래서 아이에게 썼던 '감정 짚어 주기 방법'을 나에게도 적용해 보기로 했다. 내 감정을 이해해 주고, 그 감정을 짚어 주기로 했다. 그러자 신기하게도 널을 뛰던 감정이 가라앉고 편안해졌다.

"감정은 아무 잘못이 없다."

심리학을 전공한 한 친구에게 들었던 말이다. 당시에 나는 이 말뜻을 이해하지 못했다. 사실 감정과 나를 분리하는 일마저도 나에게는 어려웠다. 감정이 곧 나이고, 내가 곧 감정인 채로 지내왔기 때문이다. 그러나 엄마가 되고 나서 나는 아이에게 수많은 감정이 있을 뿐, 아이 자체가 감정이 아니라는 사실을 깨달았다. 아이는 기쁨을 느끼고, 슬픔을 느낄 수 있는 하나의 존재일 뿐이다. 나도 그렇다. 방금 분노에 찬 눈빛을 누군가에게 보냈기로서니 그 분노가 바로 나는 아니다. 하지만 나는, 감정은 내가 아니라는 사실을 몰랐다. 그래서 화가 나거나 우울해지면 나의 감정에 대한 판단을 먼저 내리곤 했다. '화라는 감정은 나쁜 거야. 내가 화를 내다니 참 바보 같구나.'

부정적인 감정은 죄다 나쁜 것이고 억누르고 참아야 할 것이 되어 버렸다. 그래서 생각과는 달리 화를 참지 못하는 나에 대한 실망과 후회가 밀려왔다. 화는 억누른다고 없어지지 않았다. 오히려 더 응축되었다. 게다가 화가 난 상대와의 거리는 더 멀어졌다.

사실 감정은 신호다. 바로 내 안의 상처를 봐달라는 신호다. 나는 어려서부터 뭐든 남보다 느렸다. 걸음걸이도 느렸다. 행동도 느긋했다. 그래서 종종 오해를 받았다.

"넌 게으르구나."

자칫 남들보다 느린 것이 게으름이 되어 버렸다. 어린 시절 내 안에는 '느림'에 대한 상처가 있었다. 그래서 그 상처를 건드리면 지금도 나도 모르게 발끈한다.

민감성 연구의 최고 권위자이자 유럽인들이 가장 만나고 싶어하는 심리상담가로 알려진 일자 샌드(Ilse Sand)는 그녀의 두 번째 책 《컴 클로저》에서 자신을 지키면서도 세상과 가까워지는 '자기보호'에 대해 다루고 있다. 그는 자기 보호에 대해 이렇게 말하고 있다.

"무의식적으로 나오는 자기보호는 우리의 시야를 가리고, 자기 자신뿐만 아니라 다른 사람들을 있는 그대로 보지 못하게 방해한다."

무의식 속에 있던 상처를 오랫동안 방치하게 되면 자신도 모르게 그 상처가 드러날까 봐 방어하게 된다. 이러한 지나친 자기보호는 나뿐만 아니라 다른 사람들과의 관계에도 좋지 않은 영향을 미친다.

나는 또다시 게으르다고 오해받을까 봐 과한 '화'로 나를 방어하고 있었다. 그 사실을 깨닫고 난 후, 나는 어린 시절 상처를 꺼내어 보듬어 주었다. 그러자 내 안에 느림으로 받았던 억울함, 분노, 아픔이 차츰차츰 수그러들었다. 나는 자주 나에게 이렇게 말하곤 한다. '나는 게으른 게 아니었어. 천천히 해도 괜찮아. 정말 괜찮아.'

어떤 감정에 휩싸일 때 가장 좋은 것은 바로 그 감정을 배출해 주는 것이라고 한다. 감정을 배출하는 유일한 방법은 나의 감정을 표현하는 것밖에 없다. 하지만 1차원적인 감정 표현은 오히려 감정 배출에 해가 될 수 있다. 그러나 먼저 나의 감정을 짚어 주고, 나의 어린 시절의 상처까지도 안아 주고 난 후라면 상황이 다르다. 나는 한결 편안해진 마음으로 나의 감정을 쉽게 표현할 수 있다. "너, 너무 느린 거 아니야?"라고 묻는 사람에게 이렇게 말할 수 있다.

"나는 사실 게으르다는 말이 큰 상처야. 게으른 게 아니라, 느릴 뿐인데……. 내가 오해받는 느낌이 들어 몹시 서운하고 화가 나네."

내가 생각하는 올바른 감정 표현은 이렇다. 하지만 솔직히 말하자면 감정을 배출하는 것에 아직도 서툴다. 용기를 내어 말하고 나서 더 큰 상처를 받을 수도 있기 때문이다. 상대방의 반응은 언제나 나의 기대에 어긋난다. 사실 가장 친한 사람조차도 나의 솔직한 고백을 잘 받아들이지 못할 때가 있다. 하지만 더는 내 감정을 솔직하게 표현하는 것을 멈추지 않을 것이다. 담백하고 진실하게 내 감정을 표현하는 것, 그 자체가 나의 목적이기 때문이다. 상대방에게 나를 이해시키지 않아도 된다. 상대방이 설사 내 말을 이해하지 못한다고 하더라도 그것은 그의 몫일 뿐이다. 그러니 용기를 내어 내 감정을 표현했다면 그것만으로도 충분하다.

사실 모든 감정은 나를 들여다보는 기회를 선물한다. 그러니 기쁜 감정, 나쁜 감정 할 것 없이 충분히 느끼고 잘 떠나보내면 된다. 그 안에 너무 깊이 머물다 보면 오히려 나아갈 수가 없다. 감정에 휩쓸리기보다는 감정과 나를 분리하는 연습을 해야 한다. 그러다 보면 나도 감정을 잘 다스리는 보다 성숙한 사람이 될 것이라고 믿는다.

미국의 역사상 가장 저명한 심리학자인 칼 로저스(Carl Ransom Rogers)는 환자에 대해 무조건적인 긍정적 관심, 일치된 공감적 이해를 중요시했다. 그는 변화에 관해 이렇게 말했다.

"나 자신을 받아들일 때, 나는 변화할 수 있다는 것이다. 이것은 참으로 흥미로운 모순이다."

우리 자신을 잘 받아들일 때, 우리는 진정으로 변화할 수 있다. 자신을 받아들이기 위해서는 자신의 감정을 잘 살펴야 한다. 이러한 감정이 우리 내면의 상처와 욕구를 들여다볼 수 있는 신호이기 때문이다. 따라서 감정은 우리의 성장과 변화를 위한 소중한 도구인 셈이다.

나는 또다시 감정이라는 파도를 맞을 것이다. 때로는 버겁고 힘겨울 수도 있다. 하지만 나는 이제 그 감정을 느끼는 것을 피하지 않을 것이다. 오히려 그 감정을 소중하게 대해 줄 것이다. 감정에 관해 우리가 꼭 기억할 것은 이것이다.

감정은 나를 받아들이고 변화시킬 수 있는 친절한 신호라는 것이다. 따라서 감정은 언제나 무죄다. 하지만 섣부른 판단은 언제나 유죄다. 결코 섣불리 감정을 판단하지 말자. 대신 더욱더 자유로워질 신호로 감정을 받아들이자.

두려움에서 벗어나는 유일한 방법

"굉장히 오랫동안 불안감에서 헤어나오지 못했던 것 같아요."

세계적으로 흥행한 한국 드라마 〈오징어게임〉에서 '새벽' 역을 맡은 정호연의 말이다. 사실 그녀의 본업은 패션모델이다. 그녀는 이른 나이에 모델로 나름 성공 가도를 달리고 있었다. 하지만 그녀는 자신을 찾는 사람이 점점 줄어들고 있다는 것을 알고 있었다. 그러던 어느 날, 운명처럼 드라마 캐스팅 제의가 왔다. 감독은 그녀의 짧은 연기 영상이 마음에 들었다. 그리고 그녀를 직접 만나기를 원했다. 하지만 그녀는 뉴욕에서의 패션 위크 일정을 앞두고 있었다. 그녀는 어떤 선택을 했을까? 결국 그녀는 정해진 모든 일정을 취소했다. 그녀는 대체 왜 그런 선택을 했을까?

"저를 시험해 보고 싶었어요."

그녀는 자신이 무엇을 두려워 하는지 알았다. 연기 경력이 없던 그녀는 오디션에서 떨어질 가능성도 충분했다. 떨어져도 괜찮을 대비책은 전혀 없었다. 나는 점점 그녀의 이야기에 빠져 들었다. 그녀는 자신의 성공 스토리가 아닌, 자신의 두려움에 관해 이야기하고 있었다. 소외되고 거절당하는 두려움 말이다. 때로는 그 두려움에서 도피하기도 했지만, 어떨 때는 용감하게 마주하기도 했다. 그녀는 현재 2,000만 명이 넘는 SNS 팔로워를 보유한 세계적인 스타로 발돋움했다. 설령 이 작품이 성공하지 못했거나, 오디션에 떨어졌을지라도 그녀는 이 과정에서 분명 아주 중요한 깨달음을 얻었을 것이다. 그리고 결국 그녀는 자신의 안전지대에서 벗어나 도약할 수 있었을 것이다.

누구에게나 삶의 어느 한 지점에서 두려움을 직면해야 할 시간이 온다. 우리는 수없이 도망가기도 하고, 외면하기도 한다. 하지만 두려움을 계속 피하기만 한다면 내 삶에 변화는 없다. 때로는 나 자신을 시험대에 던져 보는 과감한 용기가 필요하다. 늘 반복되는 두려움이 있다면 그것은 무조건 한 번은 그 두려움을 뛰어넘으라는 인생의 신호이다. 우리보다 훨씬 더 앞서간 위인들은 한결같이 말했다.

"두려움은 허상일 뿐이다."

"이 세상에 있는 그대로 온전히 받아줄 사람은 없을 걸?"

이십 대의 끝자락, 앞으로 다가올 결혼생활에 대해 종종 자기 생각을 나누곤 했다. 그때 한 친구가 내게 한 말이다. 사랑에 관해서는 순수하기만 했던 당시의 나에게 그 말은 다소 충격적이었다. 그렇다면 결혼을 하면 평생 나 아닌 다른 모습으로 살아야 한다는 것인가? 지금 생각해 보면 그 친구의 말을 이렇게 풀이할 수도 있다. 행복한 결혼을 위해서는 서로 더 나은 사람이 되도록 노력해야 한다는 것이다. 하지만 당시의 나에게는 그 말이 내 안의 두려움을 증폭시킨 셈이 되었다.

《침묵에서 말하기로》의 저자 캐럴 길리건(Carol Gilligan)은 하버드 대학교 최초의 여성학 교수이자 심리학자다. 그녀는 자신의 책에서 많은 여성이 느끼는 성공에 대한 두려움에 대해 이렇게 말했다.

"성공이 코앞에 다가올 때 젊은 여성들은 성공 이후에 예상되는 부정적인 결과에 불안을 느끼기 때문에 성취를 향한 그들의 긍정적인 노력은 좌절된다."

많은 여성이 결혼하고 아이를 출산하면 일을 자연스레 관두게 된다. 충분한 육아휴직 제도와 유연한 근무 여건이 주어지지 않는 이상 대부분의 여성이 아이를 출산하고, 일과 육아를 선택하는 순간이 온다. 복직을 선택하면서도 '룰루랄라' 홀가분하게 출근할 엄마는 아무도 없다. '혹시 내 아이가 애착이 부족하면 어쩌지!'라는 걱정이 먼저 앞선다. 이러한 선택의 갈림길에서 대부분의 엄마들은 자발적으로 돌봄이라는 희생을 선택한다. 여성에게는 돌봄의 가치가 무엇보다 중요한 삶의 가치이기 때문이다.

'내가 성공한다면 내 가정은 엉망진창이 되는 것은 아닐까?' 많은 여성에게는 돌봄의 가치가 나의 성공과 상충할지도 모른다는 두려움이 있다. 나에게도 이러한 두려움이 있었다. '나를 감추고, 내 마음을 못 본 척하는 것이 미덕이 아닐까'라고 생각한 적도 있다. 남자건 여자건 때때로 자신을 숨길 줄 아는 미덕도 필요하다. 하지만 인생이라는 큰 줄기를 놓고 보면 나를 숨기는 미덕은 큰 도움이 못 된다. 내 인생의 뿌리는 '나'이기 때문이다. 땅 속 깊숙이 나라는 뿌리가 잘 내리려면 내 안의 두려움을 만나야 한다. 나는 엄마가 되어서야 오래된 두려움을 마주할 수 있었다. 두려움으로부터 영원히 도망칠 수는 없다. 도망칠수록 두려움은 더 짙어질 뿐이다.

"행복한 가정을 이뤘고, 예쁜 아이도 저를 기다리고 있는데 어느 순간 외롭더라고요."

춤을 사랑하는 한 젊은 여인은 일찍 사랑하는 사람을 만나 결혼을 했다. 그녀의 나이 24살이었다. 그리고 곧 사랑스러운 딸을 출산했다. 하지만 그녀는 문득문득 알 수 없는 외로움을 느꼈다. 어느 날이었다. 길을 터벅터벅 걷고 있는데, 낡은 건물 2층에서 음악 소리가 들려왔다. 에어로빅 댄스 음악이었다. 그녀는 자신도 모르게 에어로빅 교습소를 향해 이끌려 갔다. 그리고 그곳에서 다른 엄마들과 땀 흘리며 춤을 추기 시작했다. 그리고 비로소 깨달았다. '아! 나는 움직여야 하는구나. 그게 나다운 거구나.' 그녀는 간절했다. 행복한 가정을 일구었음에도 불구하고, 처음으로 자유롭지 못한 몸이 되었기에 너무나도 간절할 수밖에 없었다. 그녀는 자신이 좋아하는 라틴댄스와 힙합댄스를 결합해 자신이 좋아하는 춤의 색깔을 만들어 나갔다. 그리고 그녀는 세계 최고의 댄스 컴페티션 〈월드 오브 댄스〉에 참가해 4위라는 쾌거를 거두기도 했다. 최근에는 인기리에 끝난 한 댄스 프로그램에 출현해서 마음껏 자신의 열정을 뽐내기도 했다. 그녀의 이름은 아이키다. 나는 수많은 개성 넘치는 여성 댄서 중에서도 유독 그녀에게 마음이 갔다. 그녀가 나와 같은 한 아이의 엄마라는 사실이 너무나 대견했다. 엄마가 되어서도 나다움을 추구해야 한다. 나다운 엄마가 되고, 내가 사랑하는 것을 계속하는 것은 내 삶에서 지켜야 할 권리다. 그리고 아이키는 엄마로서의 행복과 나다워지는 자유가 결코 상충하지 않는다는 사실을 온몸으로 증명해냈다.

아무리 스스로 '두렵지 말자'라고 되뇌인들 두려움이 사라지지는 않는다. 사실 두려움은 자연스러운 감정이다. 하지만 두려움이라는 감정에 압도되면 우리는 우리에게 합당하게 주어진 삶을 제대로 살지 못한다. 삶의 충만한 아름다움을 느끼지 못하고, 두려움에 갇혀 살아야 할지도 모른다. 그래서 두려움에 관한 해법을 찾아야 한다.

해법은 바로 두려움과 마주하기였다. 내가 가장 두려워하는 것이 무엇인지를 알고 마주해야만 한다. 그래야 그것이 허상임을 알 수 있다. 두려움이란 내가 스스로 만들어낸 상상속의 물귀신이다. 생각처럼 흉측하지도 기괴하지도 않다. 왜냐하면 그것은 내 생각에서 나온 것이기 때문이다. 노예의 신분임에도 불구하고 진정한 자유인이 되기를 자청했던 에픽테토스는 이렇게 말했다.

"사람들을 불안하게 하는 것은 일(pragma) 자체가 아니라, 그 일에 관한 믿음(dogma)이다. 이를테면 죽음이라는 사건은 결코 두려운 것이 아니다. (중략) 그러므로 우리가 방해를 받거나, 불안해지거나, 슬픔을 느낄 때 결코 타인을 책망해서는 안 된다. 오히려 우리 자신을, 즉 우리의 믿음을 탓할 일이다."

"남편도 자식도 내 속마음을 다 몰라."
사회와의 단절에 익숙해질수록 자녀와 남편에게 거는 기대와 욕심은 커져만 간다. 빠르게 급변하는 사회에서 나만 뒤처진 것 같다. 남편과 아이들은 결국 나만 두고 저만치 앞서갈지도 모르겠다. 나를 찾기도 두렵고, 나만 뒤처지는 것도 두렵다. 이러다 나만 단절되고 소외될 것만 같다. 그래서 자꾸만 환경 탓, 남 탓만 하게 된다. 하지만 그렇게 해서 변하는 것은 없다. 변화를 위해서는 두려움을 사는 수밖에 없다. '나답게 산다고 가정이 엉망이 되는 게 아니야. 그건 나의 두려움이었어.' 나답게 살면서도 가족과 조화를 이룰 수 있는 방법을 찾아보자. 분명 방법은 있다.

우리는 사실 내가 두려워하는 것의 이름을 잘 알고 있다. 인생은 누구에게나 단 한 번뿐인 가장 소중한 선물이다. 내게 주어진 선물을 두려움이라는 괴물 때문에 풀어보지도 못하고 있지는 않은가.

"오직 한 가지 우리가 두려워해야 할 일은 두려움 그 자체다."

루즈벨트 대통령의 말이다. 자. 이제 진실을 마주할 시간이 되었다. 내 인생을 자꾸만 저 아래로 끌어당기는 두려움을 마주할 시간이 되었다.

네 마음은 네 것, 내 마음은 내 것

"왜 아침부터 짜증이야?"

오늘 아침, 나는 또 아이와 한바탕하고 말았다.

"시리얼에 마시멜로가 없어." (자꾸만 마시멜로만 골라 먹으니)

"하얀 밥 먹고 싶어." (처음부터 밥을 거부해서 시리얼을 줬더니)

"TV 끄면 밥 안 먹어." (TV 보느라 대령한 쌀밥은 뒷전이면서)

나도 한순간에 폭발해 버렸다.

"대체 어쩌라고!"

오늘따라 해야 할 일도 많은데 아이는 나의 인내심을 자극했다. 나는 정말로 화가 났다. 기분 좋게 시작하려고 애썼던 나의 노력이 엉망이 되어 버렸기 때문이다. 화내는 법이 잘못되었음을 알면서도 한 번

타오른 불길은 걷잡을 수 없다. 엄마의 화는 아이의 억울함으로 이어진다. 결국 아이를 달래주고, 어린이집에 보내고 오는 길에 나는 평소보다 한 시간이나 늦었다는 것을 알았다. 울며 들어간 아이가 마음에 걸렸다. 집으로 돌아오는 내내 마음이 좋지 않았다. 아이는 미운 4살에 접어들었다. 말도 제법하고 눈치도 생겼는데, 아직은 아기 같은 행동에 말도 안 되는 생고집을 피우기도 한다. 사실 오늘 아침부터 중요한 전화가 와서 통화하느라 아이에게 소홀히 대한 내 탓도 있었다. 네 탓 내 탓을 따지는 것은 뒤에 할 일이다. 아이가 내 화를 돋운 것은 사실이다. 하지만 아이의 억울함을 인정해 주지 못하는 내 마음도 늘 도돌이표다.

나는 왜 아이의 마음을 그대로 받아들여 주지 못할까? 아이의 긍정적인 마음과 부정적인 마음을 있는 그대로 받아들이는 일은 여전히 나에게는 풀리지 않는 숙제다. 게다가 내가 제일 싫어하는 말을 내뱉었다.

"왜 아침부터 짜증이야?"

아침에는 짜증을 내지 못하는 법이라도 있는 것일까? 짜증을 내는 데 시간이 따로 정해져 있는 것도 아니지 않은가. 아침에 가족 모두가 다같이 기분 좋아야 하는 이유는 없다. 물론 감정은 전염되는 것이니 다같이 기분이 좋으면 최고겠지만, 그런데도 마음과 마음에는 분명한 선 긋기가 필요하다.

"그래 엄마가 네 마음을 잘 이해는 못하지만 그럴 수도 있지. 그건 네 마음이니까!"

이렇게 말할 수도 있지 않을까? 나는 한 번쯤 멋지게 대처하는 엄마가 되고 싶었다. 아이의 모든 마음에는 이유가 있다. 때로는 그 이유가 나에게는 전혀 납득이 되지 않을 때도 있다. 하지만 중요한 사실은 이것이다. 바로 아이의 마음과 내 마음이 같아야 할 이유는 없다는 것이다. 아이와 나도 점점 더 건강한 마음의 선 긋기가 필요하다.

결혼 전까지는 나는 내 마음, 네 마음에 대한 구분이 없었다. 아니 그런 교육을 받은 적이 없었다. 결혼을 하고 나서 가장 힘들었던 것은 이것에 대해 구별 짓는 것이었다.

"당신은 공감 능력이 없어."

나는 이런 말을 종종 했다. 사실 공감에 대해서는 나도 많이 배워야 한다. 하지만 난생 처음 해보는 육아는 누군가로부터의 공감이 필요했다. 나는 남편으로부터 내가 힘들 수밖에 없는 이유를 나열하곤 했다. 하지만 이 방법은 그다지 도움이 되지 못했다. 충분한 공감을 얻었다는 생각이 들지 않으면 서운함이 밀려왔다. 하지만 아이를 키우면서 알게 된 마음 구별하기 연습은 큰 도움이 되었다.

"그래. 이해를 못하는 것도 당신의 마음이지."

남의 마음에 딴지를 거는 일은 소용이 없다. 그저 내 마음을 이야기한 것만으로도 괜찮다. 필요한 것은 서로의 마음을 있는 그대로 들어줄 지구력 하나면 충분하다. 나는 남편과 아이를 상대로 마음 구별하기 연습을 하는 중이다. 때로는 상대방의 공감이 부족해도 넘어갈 줄 안다. 아무리 속상해도 그것은 그의 마음이다. 어떤 일이든 서로의 마음을 구별하는 노력을 기울인다면 조금은 더 쉽고 가벼워진다. 독일 출신의 세계적인 경영 컨설턴트인 보도 셰퍼(Bodo Schafer)는 이런 말을 했다.

"힘겹고 무겁게 살기 위해 노력하는 사람은 없다. 모든 것에서 홀가분해지는 삶이야말로 최고의 행복이지 않겠는가."

각자의 마음은, 각자에게 돌려주는 연습이야말로 일상을 홀가분하게 살아갈 방법이다. 우리는 서로의 마음을 이해하거나 조종하기 위해 얼마나 많은 애를 써왔는가. 하지만 상대방의 우주를 다 이해할 필요도 없고, 내가 감 놔라 배 놔라 할 필요도 없음을 안다면 삶이 참 간단해진다. 나만 잘 살면 된다. 설사 우리 집에서 오늘 아침 기분 좋은 사람은 나뿐일지라도 괜찮다. 나라도 기분 좋으니 얼마나 다행인가.

"그거 봤어? 아주 심각해 보이던데……."

친구들과 이야기를 나누던 중이었다. 사춘기인 첫째 아들은 자신의 마음을 인정해 주지 않는 아빠와 엄마에게 분노가 가득하다. 언제나 명령조의 아빠와 아들 간에는 대화가 없다. 엄마는 아이의 답답한 마음이 도저히 이해가 가지 않는다. 둘째 아들마저 부모의 사소한 꾸지람에도 종종 자제력을 잃고 만다. 가족 간에는 매일 언제 터질지 모르는 시한폭탄이 돌아가고 있는 것처럼 긴장감이 감돈다. 〈금쪽같은 내 새끼〉라는 육아 프로그램에 나왔던 한 가족의 이야기였다. 아들 둘을 키우는 한 친구는 '앞으로 닥칠 내 이야기'라고 심란해 했다.

"심각성의 정도지, 나에게 안 생긴다는 법은 없어."

맞다. 돌아보면 사춘기 때 우리 가족에게서도 크고 작은 문제들은 계속되었다. 특히 아이들이 사춘기를 맞으면 수면 아래 가라앉아 있던 문제들마저 수면 위로 드러나게 된다. "내가 이러려고 너를 키웠냐?"는 이야기는 먼 집의 이야기가 아니었다. 어쩌면 우리에게 곧 닥칠 이야기일지도 모른다. 우리는 모두 그 문제를 어떻게 풀 수 있을지 관심이 쏠렸다. 육아 전문가인 오은영 박사는 아빠에게 한마디했다.

"각자의 마음은 각자의 것입니다."

시종일관 큰 표정의 변화가 없던 아빠의 얼굴에 변화의 기색이 도는 순간이었다. 태어나서 처음 듣는 소리라는 표정이었지만 분명 어떤 울림이 있었다. 그 순간 나는 알았다. '각자의 마음은 각자의 것이었음'을 받아들이는 순간, 아빠는 자신이 지켜온 견고한 알을 깰 수 있을 것이다. 아빠의 변화를 시작으로 틀림없이 아이들과 아내의 삶에도 자신의 알을 깨고 나올 것이다.

종종 나는 아이에게 이런 질문을 하곤 했다.

"귀여운 내 새끼. 넌 대체 누구 거야?"

"엄마 거지."

아이는 어느덧 이렇게 효자다운 말로 나를 기쁘게 했다. 하지만 어느 순간부터 나는 진실을 알려 주어야 한다고 생각했다.

"엄마 배 속에서 나왔지만, 넌 네 것이야. 그 누구 것도 아니란다."

다소 어려운 말이었다. 과연 아이는 이 말을 이해했을까? 예상과 달리 아이는 찰떡같이 알아들었다. 내가 내 것이라는데 뭐 하나 이상할 것이 없다. 개념 정리는 나만 하면 되는 것이었다. 대가족 속에서 자라, 언제나 효와 예절을 중요하게 배워온 나는 가족의 분위기를 헤치지 않는 범주 안에서 행동하는 법을 잘 알았다. 그렇게 하는 것이 편했다. 학급에서도 마찬가지였다. 분위기를 망치는 사람이 되지 않기 위해서 불편한 마음이 들더라도 감춰야 했다. 나와는 다른 생각이라도 따라가야 했다. 그렇게 나는 공동체 생활을 적절히 했는지 모른다. 하지만 내가 만든 가족은 달랐다. 사랑이라는 공통분모로 결혼한 부부 사이에는 명백한 규칙도 없고 원칙도 없었다. 그런데 오직 똘똘 뭉치는 것에만 초점을 맞춘다면 삐걱거릴 수밖에 없다. 각자 살아온 환경과 기질이 다르니 말이다.

비빔밥도 각자의 재료의 맛이 잘 살아나야 비볐을 때 더 맛이 난다. 가족도 각자 고유한 색깔과 맛을 내는 것이 먼저였다. 구별하지 않고 합치기만 하면 제대로 맛을 낼 수가 없다.

마음을 구별 짓기 위해 가장 먼저 해야 할 일은 무엇일까? 바로 내 마음을 네 마음에서 멀찍이 떨어져 지켜봐 주는 것이다. 그래야 나도 자유롭고, 다른 사람의 마음도 속박하지 않는다.

"운명과 마음은 하나의 개념에 대한 이름들이다."

헤르만 헤세가 쓴 《데미안》의 한 구절이다. 내 마음을 수용하는 것은 내 운명을 스스로 만들겠다는 첫 번째 단계다. 우리가 진짜 사랑을 하기 위해서는 더더욱 홀로서야 하지 않는가. 때로 서로의 마음이 엉켜 도무지 풀어갈 실마리를 찾지 못할 때도 있다. 그럴 때면 홀로 앉아 칼릴 지브란의 아름다운 시구를 떠올려 보자.

"비록 현악기의 줄들이 한 데 어울려 음악을 연주할지라도 하나하나 따로 떨어져 있듯이 나란히 서되 너무 가까이 다가서지는 마라. 사원의 기둥들은 뚝 떨어져서 있게 마련이며, 참나무와 삼나무는 서로의 그늘 아래서는 자랄 수 없는 법이니."

마음에도 각자의 이름표가 있다. 사랑한다고 해서 네 마음에 내 이름표를 붙일 수는 없다. '아름다운 우리'를 위해서는 꼭 해야 할 연습이 있다. 내 마음과 너의 마음을 구별 지을 줄 알아야 한다. 그래야 더 오래 사랑할 수 있다.

미안해, 나를 사랑하지 못해서

'호텔에서 럭셔리한 하루를 보내 볼까?'

'싱글인 친구 집에 놀러 가서 밤새 수다를 떨어 볼까?'

가을이 코앞까지 성큼 다가온 작년 여름의 끝이었다. 나는 모처럼 다양한 선택지 앞에서 행복한 고민을 하던 중이었다. 엄마가 되고 나서 처음으로 나만의 휴가가 생겼다. 아이를 출산하고 나서는 한 번도 혼자 떠난 적이 없었다. 시어머니 찬스를 써서 나는 1박2일의 소중한 휴가를 얻었다.

"언니, 여기 나랑 같이 가봐요. 언니에게 정말 필요할 것 같아요."

친하게 지내는 한 엄마가 '숲속 피정'을 내게 추천해 주었다. '아니 피정이라니……. 이 황금 같은 휴가에…….' 처음에는 전혀 끌리지 않았다. 럭셔리한 호캉스나 친구와의 밤샘 수다에 비하면 너무 심심할 것 같았다. 하지만 D-day가 다가올수록 마음은 피정 쪽으로 기울었다. 피정은 '세상과 잠시 떨어져 나 자신을 돌아보는 시간을 갖는다'는 의미다. 세속을 등지고 한번 내 마음을 들여다보는 것도 나쁘지 않겠다 싶었다. 며칠 후 나는 그녀와 함께 숲속 수도원 안에 있었다. 시끄러운 바깥세상과 달리 수도원 안은 참으로 고요했다. 나에게 배정된 창문이 딸린 작은 방에는 조그만 탁자 하나와 이불 하나가 다였다. 그리고 허락된 시간 외에는 모두 침묵을 지켜야 했다. 내가 선택했지만, 솔직히 도착하자마자 후회막심이었다. 적막 강산이 따로 없었다. 자꾸 떠나온 집 생각만 났다. '지금쯤 아이 낮잠 시간인데······. 아이가 나 없이 잠은 잘 잘까? 엄마를 찾지는 않을까?' 그토록 기다렸던 육아로부터의 해방이었다. 그런데 수도원 안에서 오히려 불안과 걱정에 휩싸여 있었다. '나는 무엇을 얻기 위해 여기 온다고 했을까?'

저녁 식사 후, 수사님과의 면담 시간이 다가왔다. 나는 작은 방에 앉아 내 차례를 기다리고 있었다. '대체 무슨 말을 해야 하지?' 걱정이 앞섰다. 그때 긴 수도복을 입은 수사님 한 분이 방으로 들어오셨다. 평범한 얼굴 위에 부드러운 표정을 덧입은 수사님의 얼굴은 나의 마음을 편안하게 해주었다. 어느덧 결혼도 육아도 해본 적 없는 수사님에게 한이 서린 독박육아 이야기를 쏟아내고 있었다. 어쩌면 나는 그저 누군가에게 내 이야기를 하고 싶었는지 모르겠다. 수사님은 수도원에 살고 있으니 앞으로 볼 일도 없고, 나를 판단할 일도 없다. 무엇보다 보안은 걱정할 필요가 없다. 그러니 나는 마음 놓고 내 이야기를 털어냈다. 내 이야기는 끝이 났다. 그리고 한참 동안 침묵이 흘렀다. '그래, 결혼도 안 한 수사님이 어떻게 이해하시겠어. 듣는 것도 힘드셨을 텐데'라고 생각하는 순간, 수사님은 내게 질문을 던졌다.

"당신이 지금, 여기에 있다는 것을 느끼시나요?"

질문을 듣는 순간 나는 혼란스러웠다. '아니, 수사님은 대체 내 이야기를 듣기는 한 거야?' 수사님은 내 어리둥절한 표정과는 상관없이 하던 말을 이었다.

"내 존재를 언제나 느끼려고 노력하세요. 지금, 여기에 내가 있음을요."

이해는 잘 안 되었지만 그 말에는 알 수 없는 강력한 힘이 있었다.

"그 외에 다른 모든 것들은 지나갈 뿐이에요."

그 말은 힘든 육아에 대한 공감도 아니고, 내 처지에 대한 위로도 아니었다. 그런데 이상하게도 그 말이 내 불안을 차분하게 가라앉혔다. 그제야 나는 남아 있는 나의 꿀 같은 시간에 집중할 수 있었다.

마크 트웨인(Mark Twain)은 외로움에 대해 이렇게 말했다.

"최악의 외로움은 당신이 자신을 편하게 느끼지 못하는 것이다."

그렇다. 나는 엄마가 된 이후 나의 내면 바라보기를 온몸으로 거부해왔다. 그래서 나는 내가 가진 것과 내가 하는 것에만 집중했다. 냉장고를 세 식구가 다 먹지도 못하는 음식들로 가득 채우고, 아이 방에 아이가 쓰지도 않는 장난감들로 가득 채워 주어야 마음이 편했다. 통장에 돈이 더 많이 쌓이고, 좋은 집으로 이사할 날만을 기다렸다. 내가 가진 것에 집중하며 사는 게 오히려 쉽고 편했다. 나를 들여다보는 것은 어렵고, 내가 할 수 있는 일이 아닌 것만 같았다. 어쩌면 나는 나를 바라보기를 거부했던 것인지도 모른다.

"엄마, 엄마 예뻐."

후줄근한 티셔츠에 고무줄 바지를 입고, 얼굴에는 피곤함과 짜증이 서려 있어도 아이는 내게 이렇게 말해준다. 그 말 한마디에 피곤함도 짜증도 사르르 녹아 버린다. 아이는 내가 어떤 모습이든지간에 나를 사랑해 준다. 그저 나라는 존재 자체로 믿고 사랑해 준다. 문득 수사님이 한 말이 떠올랐다. '아! 바로 그 말이었어.'

"당신은, 당신 존재 자체로 가치가 있어요. 다른 모든 것들은 그저 지나갈 뿐이랍니다."

언제나 존재 자체로 감사하고 사랑하는 일, 그것 외에는 다 흘려 보내도 상관없었다. 나는 나 자신을 믿어 주고 사랑하고 있을까?

사생아로 태어나 외할머니의 손에서 불우한 어린 시절을 보낸 한 소녀가 있었다. 아홉 살 때 사촌 오빠로부터 강간을 당했고, 이후로 엄마의 남자 친구와 친척에게서 끊임없는 성적 학대를 받았다. 그리고 열네 살 때 아이를 낳았지만 몇 주 후에 그 아이는 세상을 떠났다. 그런 그녀는 불우한 어린 시절, 자신이 사랑받는 느낌을 전혀 받을 수 없었다고 한다. 그래서 뭔가를 잘하는 사람이 되면 사람들이 자신을 인정하리라 생각했다. 그녀는 바로 세상에서 가장 영향력 있는 인물 중 한 명인 오프라 윈프리(Oprah Winfrey)다. 20대의 오프라는 자신의 가치가 남성에게 사랑받는 것에 달렸다고 믿었다. 남자가 없는 한 자신은 아무것도 아니라고까지 생각했다. 하지만 여러 해가 지난 후 결국 그녀가 그토록 갈망했던 사랑과 인정은 밖에서 찾을 수 있는 것이 아니라는 것을 알게 되었다. 그녀의 책 《내가 확실히 아는 것들》에서 그녀는 이렇게 말했다.

"이제는 확실하게 안다. 깊은 관계의 부재란 내가 '다른 이'로부터 멀리 떨어져 있다는 뜻이 아니라, 내가 나를 외면하고 있다는 것을 말한다는 걸."

지금 그녀는 자신의 영혼을 그 누구보다 잘 아는 사람이 되었다. 그런 그녀의 삶은 많은 사람에게 영감과 용기를 주고 있다. 그녀는 자신을 사랑하는 일이 어렵지 않다고 말한다. 그저 내가 가치 있는 사람이라고 믿으면 된다.

"결혼해도 인간은 고독한 존재야."

먼저 결혼한 친구들이 하는 말을 이해할 수 없었다. 그러나 결혼을 하고 육아를 하며 나는 그 말의 의미를 뼈저리게 이해할 수 있었다. 하지만 나는 그게 나쁘다고 생각하지 않는다. 인간이라면 고독 속에 잘 머무를 수 있어야 한다. 그것은 결혼했다고 해서, 직장이 있다고 해서, 가족이 많다고 해서 해결되는 것이 아니다. 내가 나라는 존재와 잘 결속되어 있다면 외로움이 나를 나락으로 떨어지게 하는 법은 없다. 나와 잘 연결되어 있는 방법은 나를 받아들이고 나를 사랑하는 일이다. 그저 내 존재 자체로 말이다.

결혼하고 나서야 알게 된 진실은 내가 이제껏 외로움의 원인을 외부에서만 찾아 헤맸다는 것이다. 마음을 풍요롭게 하는 비결은 바로 나의 내부에 있었다. 남편이 전화를 몇 번 하는지, 결혼기념일을 챙기는지에 따라 내 삶이 채워지는 것이 아니었다. 아이가 공부를 얼마나 잘하는지, 엄마 말을 얼마나 잘 듣는지에 따라 내 존재의 값어치가 매겨지는 것이 아니었다. 나는 그저 나라는 존재 자체로 이미 충분했다. 지금, 여기 내가 존재하는 것 그것을 받아들이는 순간 마법처럼 행복해졌다.

진짜 사랑은 그저 곁에 있음으로 충분하다. 나에게 주어야 하는 사랑도 마찬가지다. '미안해, 나를 사랑하지 못해서.' 나는 나에게 진심

어린 사과를 했다. 그리고 나를 존재 자체로 사랑하기로 했다. 나는 이제야 삶을 통틀어 알아야 할 진실을 깨달았다. 우리 삶의 시작이자 완성은 나라는 존재를 사랑함에 있다는 것, 바로 이것이었다.

66

내 시간의 주인은 나다.
.
내가 좋아하는 것을 찾고,
나를 위해 시간을 떼어 줄 사람은 나밖에 없다.

99

3장

마음챙김을 위한 환경 설정

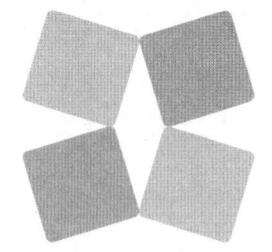

나만의 꿈 가계부 쓰기

"여보, 왜 이렇게 돈이 없지?"

가계부를 쓰던 중에 나는 남편에게 말했다. 나는 가계부를 쓰기 위해 식탁에 앉아 있었다. 가계부를 펼치자마자 한숨부터 나왔다. 아무리 아끼고 아껴도 매달 생활비는 빠듯했다. 아이 책은 중고로 구입하고, 웬만한 장난감이며 육아용품은 물려받았는데도 통장의 잔고는 늘 바닥이었다. 지금은 아이가 어리지만 앞으로가 더 걱정이었다. 나도 모르게 자꾸만 한숨이 나왔다. '엄마는 어떻게 아빠 월급으로 자식 네 명을 다 키우고, 공부까지 시켰을까?' 새삼 부모님이 위대해 보였다. 이제 자식 뒷바라지도 끝이 났는데, 엄마는 아직도 근검절약이 몸에 배어 있다. 특히나 자신을 위해서 쓰는 돈에는 무척 인색하다. 엄마의 건강을 위해 헬스클럽에 가서 운동하라고 권해도 혀를 내두르신다.

"뭐하러 비싼 돈을 주고 운동을 해. 걸을 데 천지인데……."

"그러지 말고 엄마 좋아하는 것을 한번 찾아봐요. 엄마도 꿈이 많았다고 했잖아요?"

"엄마는 꿈을 이루는 일보다 더 가치 있는 일을 했잖아. 너희를 낳고 키운 거 말이야."

하지만 자식들이 모두 출가한 빈집에서 몸에 밴 대로 집안 청소와 살림을 할 엄마의 모습을 상상하면 마음이 아프다. 나는 엄마가 이제 자식 걱정하지 말고, 본인을 위해 즐겁게 살기를 간절히 바랐다.

"그럼 엄마는 뭐할 때가 가장 즐거워요?"

엄마의 취미를 찾아드릴 요량으로 물었다.

"나는 가계부 쓰는 게 제일 즐거워. 그렇게 가계부를 매일 쓰면서 너희들 다 키웠잖아."

그래, 엄마의 말도 맞다. 그토록 부지런히 아끼며 살아온 증거인 엄마의 가계부. 그 가계부를 쓰는 일이 엄마의 즐거움이고 낙인 것은 분명하다. 하지만 나는 엄마가 가계부만 쓰지 말고, 엄마 자신의 삶에 대한 이야기를 써 나갔으면 좋겠다.

《그릿》의 저자 앤젤라 더크워스(Angela Duckworth)는 펜실베이니아 대학교의 심리학과 교수다. 그녀는 학생을 가르치며 '인생의 성공에 있어서는 재능이나 성적보다 훨씬 더 중요한 다른 요인이 작용한다'는 것을 깨달았다고 한다. 그녀에 따르면 성공한 사람들은 특별한 재능이 있어서 성공한 것이 아니다. 그들에게는 끈기와 투지, 불굴의 의지가 있었다. 이 모든 개념이 바로 그녀의 책에서 말하는 '그릿'이다.

"많은 이들이 시작했던 일을 너무 빨리, 너무 자주 그만두는 듯하다. 어느 날 하루 기울이는 노력보다는 그 다음 날, 그 다음 날도 눈을 뜨면 러닝머신 위에 올라갈 각오가 되어 있는 것이 중요하다."

나는 그녀가 말한 '많은 이'들 중 한 명이었다. 오늘 하루 열정에 불타올랐다가, 다음날 그 열정은 온데간데없이 사라졌다. 포기를 거듭할수록 자존감은 더 낮아졌다. 엄마가 되고 나니 무언가를 지속하지 않아도, 열정이 없어도, 누가 뭐라 할 사람이 없었다. 하지만 그녀에 따르면 열정은 '날마다 잠들 때까지 생각했던 질문을 잠에서 깨어나는 순간부터 다시 생각하게 만드는 것'이라고 한다. 다시 말해, 종일 그 생각에 빠져 사는 것이다. 성공은 열정에서 온다. 그리고 열정은 자신이 하는 일을 진정으로 즐길 때 온다. 그렇다면 나는 내가 진정으로 즐기는 일을 아직 찾지 못한 것은 아닐까? 진짜 꿈을 꾸어 본 적조차 없었던 것은 아닐까?

하지만 나는 언제나 꿈을 찾는 일은 나중으로 미루고 있었다. 꿈은 언제나 뒷전이었다. '이 나이에 무슨 꿈 타령이야? 엄마 역할이나 잘 해야지'라고 생각했다. 하지만 내가 얻는 것은 무엇일까? 가계부를 쓰며 한숨짓고, 자식이 내 꿈을 이루어 주기를 바라며 지나간 인생을 후회하고 있지는 않을까? 앞으로도 남편은 남편의 꿈을 향해, 자녀는 자녀의 꿈을 향해 나아갈 것이다. 그리고 나의 희생이 밑거름이 된다면 참 보람될 것이다. 하지만 그것이 정말로 나의 가슴을 뛰게 하는 행복한 삶일까? 그리고 가족들이 나에게 정말 바라는 것이 그것일까? 아니다. 진짜 가슴 뛰는 삶은 나의 꿈을 좇는 삶이다. 남편과 아들도 내가 꿈꾸는 삶을 살기를 응원할 것이다. 내가 엄마의 꿈을 응원하듯 말이다.

　꿈은 누군가가 나를 대신하여 이루어 주는 게 아니다. 꿈은 오직 나만의 것이다. 내가 이유 없이 아프고 육아로 인해 우울했던 이유는 바로 이 사실을 알지 못했기 때문이 아닐까? 그 사실을 깨닫자마자 나는 새 노트 한 권을 꺼냈다. 그리고 꿈에 관해 적기 시작했다. 먼저 생각만 해도 설레는 나의 꿈을 차례로 써 보았다. 대략 10가지 정도가 되었다. 지금 내가 처한 상황은 일단 생각하지 않기로 했다. 그저 내가 이루고 싶은 꿈에만 집중했다. 누군가가 말하길 가슴 설레지 않는 꿈은 내가 원하는 꿈이 아니라고 했다. 언제나 마음은 정확한 꿈의 감별사였다. 머릿속으로 내가 원하는 삶을 그려 보았다. 나는 어려서부터 작가가 되는 것이 꿈이었다. 글을 쓰는 시간을 가장 사랑했다. 언젠가는 작가가 되어 누군가에게 나의 이야기를 통해 위로할 수 있기를 진심으로 바랐다.

꿈을 적은 다음에는 그 꿈이 이루어질 정확한 날짜를 적었다. 언젠가 그 꿈을 이룰 거라고 생각했을 때는 막연하기만 했다. 하지만 막상 꿈의 기한을 적고 보니 오늘부터 할 일들이 눈에 보였다. 또한 꿈을 위해 해야 할 행동과 비용을 적었다. 나는 생활비의 10% 정도는 오로지 나의 꿈에 지출하기로 했다. 그동안 사고 싶은 책도 사고, 듣고 싶은 강의도 들었다. 처음에는 생활비가 모자라지는 않을까 걱정했다. 하지만 신기하게도 꿈을 위한 지출이 늘자 쓸데없이 허비하던 지출이 확연히 줄어드는 게 아닌가. 그동안 아낀다고 하면서도 충동적 구매나 나의 헛헛한 마음을 달래기 위한 지출이 꽤 되었다.

우리에게 잘 알려진 책《영혼을 위한 닭고기 수프》의 저자인 마크 빅터 한센(Mark Victor Hansen)은 꿈에 관해 이렇게 말했다.

"꿈과 목표를 종이 위에 기록하는 것, 그것이 가장 원하는 사람이 되기 위한 프로세스를 가동시키는 방법이다."

그렇다면 꿈을 적기 시작한 그날 이후 나는 어떤 변화가 생겼을까? 우선 나는 유명 글쓰기 플랫폼에 작가 신청을 하고, 매주 두 편씩 글을 쓴 후 올리기 시작했다. 그리고 동영상을 제작하는 법을 배웠다. 읽은 책 중에서 좋은 내용을 발췌해 영상을 제작해 유튜브에 올리고 있다. 지금은 코로나로 인해 못하지만, 아파트 커뮤니티 센터에서 아이들을 위해 재능기부 영어 수업을 시작했다. 게다가 지금은 나의 책을 쓰고 있다. 사실 더 중요한 변화는 나의 내면에 있었다. 나는 예전처럼 성공과 실패에 연연하지 않는다. 여전히 남들의 비판에 흔들리기도 하지만 무너지지는 않는다. 남들의 목소리보다는 나의 목소리에 귀를 기울이기 때문이다. 마음과 꿈은 언제나 함께 간다. 건강한 마음이 있어야 꿈도 이룰 수 있다. 그리고 간절한 꿈이 있어야 마음도 살아 움직인다. 월트 디즈니(Walt Disney)는 평생 그의 꿈을 믿어 주고, 그 꿈을 이루기 위해 노력했다. 그 누구도 상상하지 못했던 업적을 이룬 그는 이렇게 말했다.

"당신이 꿈을 꿀 수 있다면, 그 꿈을 이룰 수 있습니다."

그의 말처럼 진짜 내 꿈을 명확하게 안다면 우리는 그것을 이룰 방법도 이미 알고 있다. 40년간 나는 내가 진짜 하고 싶은 것이 무엇인지를 남들에게 물었다. 하지만 결국 나는 스스로 답해야 한다는 것을 알았다. 모든 사람은 자신의 인생에 대해 스스로 답해야 한다. 그 과정 자체가 인생의 답이다.

아무리 애쓰며 살아도 행복하지 않다면 이 질문을 던져야 한다. '지금, 혹시 내 꿈이 아닌 남의 꿈을 대신 꿔 주고 있는 것은 아닐까?' 엄마라고 가족의 꿈을 대신 꾸란 법은 없다. 엄마도 엄마만의 꿈이 있다. 자! 지금부터는 매일 나만의 꿈 가계부를 써 보자. 제대로 찾은 꿈은 분명 우리를 행복으로 인도할 것이다.

좋아하는 것만 하는 시간을 만들어라

 아들 셋을 모두 서울대에 보낸 비법은 무엇일까? 가수 이적의 엄마이자 세 아들을 모두 서울대에 보낸 엄마, 여성학자 박혜란에게는 다양한 수식어가 따라다닌다. 그녀는 막내아들이 초등학교에 들어갈 무렵, 39살의 나이로 여성학 공부를 시작했다. 그녀는 만학도로 자신의 공부를 하면서도 아이들을 잘 키워내 많은 엄마의 롤모델이 되었다. 나도 그녀만의 비법이 무엇인지 궁금했다.

 하지만 그녀의 책이나 인터뷰에서 '아들을 서울대에 보내는 비법' 따위는 찾아볼 수가 없었다. 오히려 그녀는 아들을 한글도 깨치지 못한 채로 초등학교에 보내고, 예체능 이외에는 학원 문턱조차 밟지 않게 했다고 한다. 심지어 고3 아들을 두고 1년씩이나 중국 초빙교수로 떠나 주변 사람들로부터 '엄마, 맞아?'라는 말을 듣기도 했다고 한다. 하지만 그녀의 둘째 아들인 가수 이적의 말에 따르면 어머니가 유일하게 강조한 '2가지 비법'이 있다고 한다.

"어머니가 공부를 하시니, 큰 책상을 사셨어요. 아버지는 노래와 술을 좋아하시고, 잘 안 들어오셨지요. 그러니 삼형제들이 어머니 옆에 있고 싶어했는데, 어머니가 책을 보시니까 같이 보게 됐어요."

즉, 아들들이 공부를 잘하게 된 첫 번째 이유는 어머니의 공부하는 모습을 보고 자랐기 때문이었다.

또 다른 비법은 바로 '자신의 인생은 자신이 책임져야 한다'라는 가르침이었다. 그가 한번은 어머니에게 '공부 잘하면 뭐 해줄 거냐'고 물었다고 한다. 어머니의 대답은 다음과 같았다.

"공부는 너를 위한 거지 엄마를 위한 것이 아니다."

그 말을 듣고 난 후, 그는 자신의 인생은 자신이 책임져야 한다고 생각했다고 한다. 그가 남들보다 공부를 잘했다면 그것은 바로 어머니의 공부하는 모습을 보며 자랐기 때문이다. 그리고 인생에서 자신이 원하는 것을 찾았다면 엄마가 그런 삶을 살고 있었기 때문이다.

많은 부모가 본격적인 AI 시대에 앞서 어떻게 아이를 교육해야 할지 궁금해한다. 나도 이 거대한 변화에 앞서 아이를 어떻게 교육해야 좋을지 궁금했다. 〈노동이 멈춘 인간은 행복할까〉라는 제목의 2020년

11월 9일자 문화일보의 기사에 의하면 많은 전문가가 생각하는 AI 시대에 적합한 인간상은 '주도하는 인간', 즉 객체(客體)가 아닌 주체(主體)형 인간이라고 한다. 인간의 지능을 앞서는 로봇이 지배하는 세상에서 살아남기 위해서는 주체적인 인간이 되어야 한다. 부모는 스스로 삶을 선택하고 즐길 줄 아는 능력을 가르치는 방법밖에 없다. 하지만 '스스로 행복하고 즐거운 일을 찾아야 한다'라고 아이에게 아무리 말한들 무슨 소용이 있을까? 엄마인 자신이 그러한 삶을 살지 않는다면 말이다.

여성학자 박혜란처럼 자녀를 제대로 교육하고 싶다면 스스로 본보기를 보여주는 방법밖에 없다. 나는 나대로, 너는 너대로 꿈을 찾아가는 법을 스스로 터득해야 한다. 그렇다면 내 아이가 서울대에 진학하지 않더라도 괜찮다. 서울대가 아닌 자신에게 꼭 알맞은 꿈을 찾아 즐겁게 항해하고 있을 테니 말이다.

19살의 제이크 듀시(Jake Ducey)는 술과 마약으로 찌든 삶을 청산하기로 마음먹었다. 그에게는 꿈이 있었기 때문이다. 그는 사람들에게 영감을 주는 책을 쓰고 싶었다. 그리고 바로 실행했다. 다른 사람들의 책을 보며 공부하고, 자신의 책을 써 나갔다. 그렇게 세상에 나온 첫 번째 책이 《바람 속으로》이다. 그는 《내 영혼을 위한 닭고기 수프》의 공동 저자이자 미국 최고의 카운셀러인 잭 캔필드(Jack Canfield)의 오디오 프로그램에서 이런 말을 들었다고 한다.

"원하는 100가지를 써 보고, 그 일이 일어날 것이라고 굳게 믿자."

그는 그 방법을 실행하면서 자신의 꿈에 더욱 가까워졌다. 뛰어난 학력과 경력이 없던 그는 현재 베스트셀러 작가가 되었고, 비영리기관을 설립해 도움이 필요한 사람들에게 힘이 되어 주고 있다. 그가 자신의 꿈을 당차게 이루어 나가는 과정은 많은 이들에게 용기를 준다. 그는 두 번째 책《오늘부터 나는 다르게 살기로 했다》에서 생각이 현실이 되는 방법을 알려준다.

"일단 날아오르고, 그런 다음 어디로 가는지를 살펴보자."

방향이 확실치 않아도 일단 날아올라 봐야 꿈으로 향할 수 있다. 일단 해보고 방향을 수정하면 된다. 일단 한번 해보고 생각하자.

나는 생각은 줄이고 행동하기로 했다. 내 10가지의 꿈 리스트에 관련된 것들을 하나씩 해보았다. 난생 처음으로 영상 편집과 씨름을 하고, 디지털 드로잉을 배웠다. 그리고 매일 글을 썼다. 생각보다 재미없는 일도 있었고, 예상외로 훨씬 흥미로운 일도 있었다. 해보지 않으면 결코 내가 무엇을 좋아하는지 알 수 없다. 잘하는 것은 나중의 일이다. 일단 좋아할 가능성이 있다면 무엇이든 도전해 보는 것이 중요하다.

엄마의 삶은 너무나 바쁘다. 아직 어린아이를 둔 엄마라면 더더욱 그렇다. 대부분의 아이는 엄마의 껌딱지다. 엄마가 언제나 자신에게 집중해 주기를 바란다. 내 아이도 그랬다. 그래서 나는 아이가 잠들 시간만을 기다렸다. 하지만 결국 내가 지쳐 먼저 잠들곤 했다. '어린이집에 가면 나아지겠지'라고 생각했지만 예상치 못한 코로나로 인해 어린이집을 못 가는 날이 더 많았다.

결국 나는 나만의 시간을 먼저 떼어놓기로 했다. 엄마인 내가 아무에게도 방해받지 않는 시간은 모두가 잠든 새벽이었다. 모든 식구가 곤히 잠든 새벽이야말로 내가 가장 자유로운 시간이었다. 그러나 나는 평생을 저녁형 인간으로 살아온 사람이다. 나는 늦게 일어날수록 뿌듯함을 느꼈다. 그런 내가 지금은 새벽 5시면 잠에서 깬다. 어떻게 내가 아침형 인간으로 탈바꿈할 수 있었을까?

새벽에는 내가 진짜 원하는 일만 했다. 그 원칙이 나를 일어나게 했다. 매일 아침, 내가 좋아하는 것들만 했기에 나는 일찍 일어날 수 있었다. 잠들기 전에 내일 하고 싶은 일들을 떠올리면서 잠이 든다. 그러면 다음 날 새벽, 아무리 피곤해도 일어날 수가 있었다. 내가 좋아하는 일에 몰입하는 기쁨이 컸기 때문이다.

《7년의 밤》,《종의 기원》 등의 소설을 연달아 히트시키며 베스트셀러 작가가 된 정유정 작가는 간호사 출신이다. 그런 그녀에게는 글을 쓰고 싶다는 열망이 있었다. 그녀는 마침내 15년의 직장생활을 관두고 글을 쓰기로 마음먹었다. 그때가 35살 되던 해였다. 그후 41살의 나이로 등단할 때까지, 6년이라는 시간 동안 11번의 공모전에서 떨어졌다. 패배감으로 자존감이 바닥을 칠 때면 그녀는 자신에게 묻고는 했다.

"너는 글을 쓰고 싶니, 작가가 되고 싶니?"

그녀의 답은 언제나 '글을 쓰고 싶다'였다. 그녀는 작가라는 타이틀이 아니라, 글을 쓰는 것이 정말 좋았다. 그래서 그녀는 포기하지 않을 수 있었다. 《7년의 밤》은 고등학생 아들을 둔 주부가 매일 새벽이면 잠에서 깨어 써 내려간 글이다. 그녀는 진짜 자신이 원하는 일을 알았고, 그것을 지속했을 뿐이다. 성공은 그 다음 일이다.

아침에 일어나 내가 좋아하는 일을 하는 것만으로도 삶은 확실히 변한다. 나에게도 다음과 같은 변화들이 생겼다. 첫 번째로 불안과 걱정으로 인한 불면증이 사라졌다. 많은 현대인은 피곤하지만 잠을 쉽게 이루지 못한다고 한다. 나도 그중 한 명이었다. 하지만 일찍 일어나는 습관을 기르니 잠은 저절로 찾아왔다. 게다가 내일에 대한 기대감으로 불안과 걱정도 줄어드니 잠을 깊이 잘 수 있었다. 두 번째로 성취감을 맛볼 수 있었다. 매일 일찍 일어나 내가 좋아하는 것들을 해냈다는 것만으로도 성취감을 느낄 수가 있었다. 엄마가 되고 난 후 오랜만에 느껴보는 성취감이었다. 자존감은 작은 성취의 연속으로 키워 나갈 수 있다고 한다. 매일 아침에 느끼는 성취감은 낮아진 나의 자존감을 다시 튼튼하게 자라도록 도왔다. 마지막으로 꿈을 향한 용기가 생겼다. '시간이 나면 언젠가 내 꿈을 찾겠다'는 생각은 '꿈을 찾지 않겠다'는 것과 같다. 매일 아침 일어나 새로운 문을 두드리지 않았다면 나는 결코 한 걸음의 성장도 할 수 없었을 것이다. 매일 쳇바퀴 돌 듯 하루하루를 그저 견뎌내고 있었을 것이다. 하지만 매일 아침 작은 도전을 지속하면서 나는 용기를 얻었다. 그 용기는 내가 바라는 꿈을 향해 나아가게 해주었다.

많은 엄마가 내 아이는 자신이 좋아하는 일을 찾기를 바라면서, 정작 자신은 무엇을 좋아하는지 관심조차 없다. 엄마인 나에게도 조금의 시간을 떼어 준다면, 내가 좋아하는 것에 몰입할 수 있다.

시간의 주인이 되려면 어떻게 해야 할까? 그것은 바로 시간을 어떻게 사용할지 결정하고 행동하는 것이다. 기억하자. 내 시간의 주인은 나다. 내가 좋아하는 것을 찾고, 나를 위해 시간을 떼어 줄 사람은 바로 나밖에 없다.

엄마도 식탁 말고 책상이 필요해

나는 최근까지 tvN에서 방영된 〈신박한 정리〉라는 프로그램을 즐겨 보았다. 이 프로그램은 의뢰인의 집을 비움과 정리만을 통해 새로운 집으로 재탄생시키는 내용이었다. 나는 이 프로그램을 보면서 의뢰인들이 바라는 것은 단지 깨끗해진 집뿐만이 아니라고 느꼈다. 그들은 집을 정리함으로써 자신의 삶도 재정비하고 싶었던 것이다.

이 프로그램에서는 물건을 비우고 정리하는 것뿐만이 아니라, 공간을 재배치함으로써 집을 훨씬 더 쓸모 있게 만들었다. 나 또한 이 부분이 가장 재미있었다. 많은 출연자들은 집이 자신의 삶에 알맞게 바뀐 것을 보고 눈물을 흘리곤 했다. 그들이 울음을 터뜨리는 이유는 무엇일까? 이지영 정리전문가는 한 인터뷰에서 이렇게 말했다.

"아마도 그분들이 원했던 부분을 건드려서 그런 건 아닌가 싶어요."

그녀는 배우 윤은혜의 방에 이젤과 캔버스를 놓아주었고, 배우 정은표에게는 대본을 연습할 책상을 놓아주었다. 배우 윤은혜는 집안이 넉넉하지 못해 자신이 좋아하던 그림을 제대로 배우지 못했다고 한다. 그런 그녀가 자신만의 공간에 놓인 이젤과 캔버스를 보면서 눈물을 터뜨리고 말았다. 다시 꿈을 꿀 공간이 생겼기 때문이다. 세 아이를 키우는 연기 경력 30년의 배우 정은표는 대본을 볼 변변한 공간이 없었다. 그런 그가 방에 자신만을 위한 작은 책상이 생긴 것을 보고 펑펑 울던 장면은 지금도 잊을 수가 없다.

모든 사람은 자기만의 공간이 필요하다. 그곳에서 누군가는 자신을 만나고, 자신의 꿈을 그리고, 명상을 하고, 공부를 한다. 그 무엇을 해도 괜찮다. 그 공간에서 나는 비로소 쉼을 찾을 수 있다. 바로 그런 공간이 있어야 집은 집다워진다. 비움과 정리를 하는 이유도 그런 이유에서이다. 바로 내가 쉴 수 있는 나만의 공간을 찾기 위해서이다.

엄마는 네 명의 자식들 모두에게 각자의 방을 주고 싶어하셨다. 어느 날은 부엌에 딸린 작은 다락방에 문을 트는 공사를 하고 계셨다. 그만큼 엄마는 자식들에게 각자의 공간이 필요하다고 생각하셨다. 그 문간방이 바로 나의 방이 되었다. 비록 부엌 옆에 붙은 좁은 방이었지만 나는 내 방이 생긴 것만으로도 행복했다.

결혼하면서 우리 부부에게도 집이 생겼다. 비록 우리 집은 아니었지만, 우리가 계약한 기간만큼은 모든 공간이 내 집이고 내 방이었다. 그런데 언젠가부터 집이 안식처가 아닌, 쉴 새 없이 움직여야 하는 일터의 의미로 다가왔다. 엄마는 '살림은 티가 안 나는 듯해도 하루라도 소홀하면 곧장 티가 난다'라고 말했다. 엄마 말이 맞았다. 구석구석 내 손이 닿지 않으면 안 되었다. 게다가 아이가 태어나자 모든 공간은 아이의 장난감으로 채워졌다. 내가 그나마 쉴 수 있는 곳은 부엌 식탁 한쪽의 내 자리였다.

하지만 식탁에 앉아 있으면 자꾸만 일거리들이 보였다. 어질러진 집, 쌓인 설거지들이 마음에 걸려서 결국 자리를 박차고 일어나고 말았다. 설거지를 끝내고 다시 식탁에 앉으면 거실에 여기저기 흩어진 빨랫감이 보였다. 어서 빨래를 돌려야 한다는 생각으로 세탁실로 향하곤 했다. 세탁실에서 나오기가 무섭게 냉장고를 열어 오늘 반찬은 뭘 해야 할지 살펴보았다. 그런데 복잡한 냉장고 안은 정리가 시급해 보였다. 결국 온갖 반찬통을 꺼내고 말았다. 결국 진짜 나만의 시간은 없었다. '어떻게 하면 나는 나의 시간을 더 잘 사용할 수 있을까?'

나는 신박한 정리를 떠올렸다. 나에게도 진짜 나만의 공간이 필요했다. 내 물건만이 있고, 내가 좋아하는 책들이 놓인 나만의 책상이 필요했다. 우리 집에는 창고나 다름없던 작은 방이 하나 있었다. 낡은 내 노트북과 쓰지 않는 물건들로 꽉 찬 방이었다. 나는 그 방을 나만을 위한 공간으로 사용하기로 했다. 무방비로 햇빛에 노출된 창문에 커튼을 달았고, 깨끗이 치운 탁자 위에 노트북을 올려 두었다. 이 방만큼은 내가 좋아하는 것으로만 채우고 싶었다. 오랫동안 읽지 않은 책들과 보지도 않는 전공 서적은 싹 버렸다. 그 대신 읽고 싶은 책들만 잘 정리해 책장에 꽂아 두었다. 나오지 않는 볼펜을 정리하고, 문구점에서 마음에 드는 펜과 색연필을 사서 잘 보이는 곳에 두었다. 그리고 책상 앞 벽에는 사진이 담긴 엽서를 붙여 두었다. 결혼 전 마지막으로 떠났던 배낭여행에서 산 엽서였다. 나는 스페인 배낭여행 중에 우연히 포르투갈의 항구도시 포르투에 들렀던 적이 있다. 작지만 충분히 아름다운 그 도시만의 매력에 빠져 이틀을 더 묵게 되었다. 엽서를 보니 그때의 감동과 설렘이 다시 느껴졌다. 나는 이 방에서만큼은 낯선 여행지에서 느꼈던 그 떨림을 기억하고 싶었다.

그곳에서 나는 더는 '엄마'가 아니었다. 그 방에 들어서면 그냥 나 자신이 되었다. 내가 좋아하는 음악까지 갖추면 모든 것이 완벽했다. 나는 순간이동을 한 듯했다. 그곳은 카페였고, 도서관이었고, 기도실이었고, 새로운 여행지이기도 했다. 하재영 작가의 에세이 《친애하는 나의 집에서》에서 자신의 방을 소망하는 것에 대해 작가는 이렇게 말했다.

"내가 자기만의 방을 소망할 때 나는 무엇을 소망하는가? 그것은 단순하게 물리적 공간에 대한 욕망이 아니라 나 자신으로 인정받고

싶은 욕망, 나의 고유함으로 자신과 세계에 대해 이야기하고 싶은 욕
망일 것이다."

　자신의 방을 소망한다는 것은 나 자신의 고유함을 인정받고 싶다는
욕망이었다. 모든 사람들은 자신의 고유함을 인정받고 싶어 한다. 엄
마라고 다르지 않다. 엄마들 또한 일터로서의 집이 아닌 자신의 고유
함을 인정받는 방이 필요하다.

　최근에 나는 아이와 함께 친정에서 몇 달을 신세진 적이 있다. 결혼
한 자식이 엄마 집에 얹혀산다는 것은 서로에게 쉬운 일은 아니다. 그
중에서도 나를 제일 힘들게 한 것은 종일 일만 하는 엄마를 보는 것이
었다. 엄마는 집에서 쉬는 법이 없었다. 아침에 일어나서 밤이 될 때
까지 엄마의 일은 끝이 없었다. 그런 엄마를 보니 그게 나 때문인 것
같은 미안함에 되레 큰소리를 쳤다.

　"집안일을 그렇게 한다고 누가 알아줘요? 제발 그만 하고 쉬어요."

　하지만 말려도 그때뿐이었다. 집에서 누군가는 계속 일을 해야 했
다. 47년을 주부로 살아온 엄마는 자신이 그 일을 하는 것이 너무나 당
연하고 익숙했다.

　나는 집으로 돌아와 딸이 아닌 엄마이자 아내로서 다시 일상을 시
작했다. 그런데 나 역시 종일 집에서 청소와 살림, 육아하느라 나만
의 시간을 가지기는 쉽지가 않았다. 엄마보고 그만 좀 하라고 화를 내

던 나도 정작 그렇게 살고 있었다. 그래서 나는 더더욱 집이라는 공간에 엄마가 아닌 나만의 공간이 있어야 한다고 믿는다. 문간방을 터서라도 자식들 각자에게 방을 주고 싶었던 우리 엄마도 자신만의 방이 필요했다. 이제는 자식에게 양보하지 말고, 어떻게든 자신의 방을 사수하라고 말하고 싶다. 설사 방이 아니라고 해도 좋다. 작은 탁자, 베란다 한쪽이라도 좋다. 그곳에서만이라도 그 누구에게도 들키지 않고 나로 돌아갈 수 있다면 말이다.

나는 진짜 나를 만나는 공간이 있는가? 우리에게 그런 공간이 있다면 삶을 제대로 사는 일은 훨씬 더 쉬워진다. 언제든 그 공간에 들어서면 되기 때문이다. 누군가가 나에게 꼭 맞는 선물을 주기를 기다리지 말자. 내가 그런 공간이 필요하다면 내가 직접 정리전문가가 되어 나에게 선물하면 된다.

식탁은 엄마의 일터이지만, 책상은 엄마가 꿈꾸는 공간이다. 나에게도 일터 말고 쉴 공간이 필요했다. 그래서 나는 매일 아침 식탁 말고 책상으로 간다. 당신 삶에도 신박한 정리가 필요하다면 당신이 진짜 원하는 공간이 무엇인지 생각해 보자. 그 공간은 곧 당신의 꿈과 직결될 것이다. 잊지 말자. 엄마도 꿈꾸는 공간이 있어야 한다. 그래야 비로소 모두에게 'home, sweet home'이 될 수 있다.

관계는 선택하고, 거리는 조절하라

"꼭 결혼을 해야 할까?"

"뭐라고?"

"내 주위에는 결혼한 사람 중에 단 한 명도 행복해 보이는 사람이 없어."

아직 미혼인 친구의 말에 순간 나도 할 말을 잃었다. 나이가 찬 친구는 아직 결혼 소식이 없으니, 친구의 부모님은 애가 타셨다. 하지만 그녀의 말이 틀린 것도 아니다. 내 주위도 마찬가지였기 때문이다.

"결혼 꼭 안 해도 그만이지 뭐. 혼자 행복할 자신만 있으면 혼자 살아도 되지."

친구로서 그녀가 행복한 가정을 일구기를 바라면서도 나는 그쯤에서 대화를 마쳤다.

과연 결혼을 하고 나서 '나는 진짜 결혼하기를 잘했어'라고 말하는 사람은 몇이나 될까? 나는 결혼한 사람은 다 사랑에 대해 잘 아는 줄만 알았다. 그런데 결혼을 해보니 오히려 사랑이 무엇인지 더 모르겠다. 나도 사랑에 관해서는 아직 초급생이다. '과연 부부란 무엇일까?' 드라마의 한 대사처럼 나 또한 이런 질문을 던지고는 했다.

오랜만에 알고 지낸 지 오래된 언니를 만났다. 그 언니는 나보다 훨씬 일찍 결혼해서 중학생이 된 두 아이를 키우고 있었다. 막 아이를 낳고 좌충우돌하던 나는 아이도 어느 정도 키워 놓고 안정적인 삶을 사는 듯한 언니가 부러웠다. 그런 눈치를 읽었는지 나에게 언니는 자신의 이야기를 털어놓았다.

"우리 부부가 정말 안 맞는다는 생각이 들 때가 많았어. 그런데 어떨 때는 함께 있어서 다행이라는 생각이 들기도 하더라. 그렇게 흔들리다 보니 세월이 흘러 단단해지더라고."

'형부처럼 다정한 사람하고 결혼한 언니도 이런 고민을 했다니······.' 내게는 완벽해 보이는 가정을 가진 언니에게도 그런 속 이야기가 있는 줄은 몰랐다. '대부분의 부부가 나름의 진통을 겪는구나.' 나는 그때 그 사실을 알았다. 정신분석 전문의 김혜남 작가는 그녀의 책 《당신과 나 사이》에서 사랑에 대해 이렇게 말했다.

"상대방과 나는 서로 다른 사람이며 결코 하나가 될 수 없다. 그래서 우리가 사랑하면 할수록 발견하게 되는 건 상대방과의 차이다."

나는 사랑이란 모름지기 둘이 하나가 되는 것이라고 생각했다. 그래서 부부는 같은 생각을 하고 서로를 완전히 이해할 수 있어야 한다고 생각했다. 하지만 그건 사랑에 대한 환상이었다. 그런 환상을 가지고 있으면 결혼생활은 더 외로울 수밖에 없다. 환상을 빼고 결혼을 있는 그대로 받아들이면 오히려 결혼생활이 주는 소소한 기쁨과 즐거움을 찾을 수 있다.

'너와 나는 뼛속까지 다르다. 우리는 모두 외로운 존재다.' 나는 이 명확한 사실을 이해하고 받아들이기로 했다. '이 외로운 존재들이 그래도 서로를 품어주려고 노력하는 공간, 그 공간이 바로 가정이구나'라고 생각하면 결혼은 오히려 할 만할지도 모르겠다. 가까운 사이라도 일정한 거리가 필요하다. 사랑은 너와 나를 일치하는 것이 아니라, 너는 너대로 나는 나대로 존중해 주는 것이다.

내가 나의 마음을 들여다보고, 나의 꿈을 존중해 주기로 했을 때 나는 그 사실을 아무에게도 말하지 않았다. 가장 가까운 가족들에게도 더더욱 그런 내 마음을 숨겼다. 나는 더 이상 흔들리고 싶지 않았고, 누군가가 '그게 아니야'라고 하면 곧잘 포기했던 나의 경험 때문이었다. 그런데 엄마와 함께 지내면서 나는 더는 숨길 수가 없었다.

"뭘 하기에 매일 아침마다 일찍 일어나는거야?"

"엄마, 내가 좋아하는 책도 보고 글도 쓰고 하느라 그래요. 사실 나는 책을 쓰고 싶어요."

용기를 내어 꺼낸 말이 무색하게 엄마는 단호하게 말했다.

"대체 책을 써서 무엇하려고?"

나는 엄마의 말에 상처를 받았다. '꼭 무엇이 되어야만 하는 것일까? 내가 좋아하는 것을 그냥 할 수는 없는 걸까?' 엄마는 내가 너무나 힘들고 바쁘게 지내는 것 같아서 걱정되어 한 말이었다. 하지만 나는 더 말을 하고 싶지 않을 정도로 기분이 상하고 말았다. 엄마도 내 기분이 염려되셨는지 나중에 조용히 말씀하셨다.

"엄마는 네가 너무 힘들까 봐 걱정이지. 지금은 혼자 애 보는 것도 힘드니까."

사실 엄마만큼 든든한 후원자도 없었다. 내가 친정에서 지내는 동안 혼자만의 시간을 가지도록 엄마 방을 내어 주셨고, 아이도 봐주셨다. 하지만 가까운 누군가가 나를 이해하지 못한다는 사실은 내 마음을 아프게 했다. 하지만 이번에는 흔들리지 않았다. 나는 이제야 말을 걸러 들을 힘이 생긴 것이다. 나는 엄마의 진짜 의도만 받아들이고 나머지는 잊어버렸다.

나는 결혼 후 무수히 흔들렸다. 특히 결혼과 출산을 통해 새롭게 맺은 수많은 관계에서 나는 알게 모르게 상처를 받곤 했다. 그때는 어떻게 적절한 거리를 둬야 하는지 몰랐다. 그래서 나를 먼저 채우기로 했다. 책을 읽고, 일기를 쓰고, 내가 좋아하는 것들을 하면서 점점 나를 바로 세우는 데만 집중했다. 그러자 다른 사람들과의 관계에서 예전만큼 흔들리지는 않았다. 적절한 거리를 둘 방법을 찾았고, 정말 도움이 되지 않는 관계는 끊을 힘도 생겼다. 지금은 안다. 내가 그토록 흔들렸던 이유를 말이다. 그것은 바로 다른 사람들에게 그만큼 기대하고 의존했기 때문이었다. 나의 내면에는 거리를 둘 수 있을 만큼의 힘이 없었기 때문이었다.

세계적인 베스트셀러 작가이자 가장 뛰어난 자기계발 전문가로 평가받는 심리학자인 웨인 다이어(Wayne Dyer)는 《행복한 이기주의자》 《모두에게 사랑받을 필요는 없다》 등 30여 권의 책을 통해 자신의 행복을 똑똑하게 추구하는 법을 이야기했다. 사실 그는 고아로 힘들게 성장했다. 그러나 그는 자신이 처한 환경에 굴하지 않고, 진실한 자신의 꿈을 이루기 위해 노력했다. 이를 통해 자신만의 인생 철학을 수립하였고, 그것은 많은 사람에게 폭발적인 호응을 얻었다. 그는 《모두에게 사랑받을 필요는 없다》에서 나를 단단하게 만드는 전략을 소개한다. 그중 꼭 기억하고 싶은 두 가지 전략을 공유할까 한다.

첫째, 신경을 끄는 전략이다.
그는 이렇게 말한다.

"라디오를 끄는 것과 같은 방식으로 신경을 끄면 점점 쉬워진다."

둘째, 인간관계에 연연해 하는 일을 관두는 일이다.
"인간관계를 일일이 계산하며 따지고 있다면 당장 멈춰라. 잠시라도 흘러가는 대로 내버려 둬라. 인간관계의 모든 동기, 행동을 해석하려는 강박적인 욕구로부터 자유로워져라."

나는 많은 사람에게 '동기부여의 아버지'로 불릴 때까지 이 책의 저자가 얼마나 처절하게 자신의 행복을 얻기 위해 노력했을지 상상해 보았다. 비록 부모라는 든든한 백이 없어도, 그는 자신이 처한 환경에서 진정한 행복을 얻어냈다. 그가 책에서 말하는 핵심 메시지는 바로 이것이다.

"남들에게 신경 쓰지 말고, 그 시간에 나의 역량을 묵묵히 키워 보세요."

내가 내 삶의 주인이 되기 위하여 남들의 인정이나 칭찬은 필요하지 않다. 오직 묵묵히 역량을 쌓은 시간으로 인해 나는 내 삶의 주인이 될 수 있다.

엄마라는 자리는 특히 남들에게 휘둘리기 쉽다. 모든 가족 구성원에게 엄마는 꼭 필요한 존재이기 때문이다. 하지만 흔들리는 그 시간을 통해 결국은 더 단단해진 엄마로서 자녀에게나 타인에게 더 큰 힘이 되어 줄 것이다. 우리가 부모라는 시간 동안 묵묵히 나의 역량을 쌓아 올릴 수 있다면 말이다.

사실 관계를 선택하고 거리를 조절하는 이유는 단 하나다. 더 행복해지고 싶어서다. 누군가 때문에 불행하다면 내가 그에게 너무 의존한 것은 아닌지 생각해 보자. 내면에 힘이 있는 사람은 타인이 그들 삶의 주도권을 갖도록 허락하지 않는다. 나의 내면이 건강하게 채워진 사람이라면 나를 끌어내리는 관계에 거부할 힘이 충분히 있다. 적절한 거리는 오히려 서로를 이해하는 여유를 가져다 줄 것이다.

지금 흔들리고 있다면 이것을 기억하자. '좋은 것은 좋은 것을 끌어당긴다.' 관계도 마찬가지다. 먼저 나의 내면이 튼튼해질 때 비로소 나를 둘러싼 관계 또한 건강해진다. 그러니 무 자르듯 관계를 단절하기 전에 나의 내면을 먼저 채워 보는 것은 어떨까.

지금보다 즐거운, 불량 육아

'나는 좋은 엄마일까? 좋은 부모의 기준이 있다면 좋을 텐데…….'
나는 문득 '좋은 부모'의 기준이 궁금해 인터넷 검색을 시작했다. 그 중 네덜란드 정부 보고서에서 밝힌 '좋은 부모(good parenting)의 7가지 핵심요소'가 눈에 들어왔다. 이 보고서 중 첫 번째 조건은 '무조건적인 개인적 헌신'이었다. '헌신'의 사전적 정의는 '몸과 목숨을 바쳐, 있는 힘을 다하는 것'이다. 즉, 좋은 부모는 조건 없이 내 몸과 목숨을 바쳐 있는 힘을 다해야 한다는 것이다. '아니, 낳아 주고 길러 주면 다 좋은 부모인 줄 알았더니…….' 전 세계적으로 좋은 부모가 되는 것은 개인에게 큰 도전임은 틀림이 없다. 사실 대부분의 부모는 자녀들에게 몸과 마음을 다 바치고 있다. 의도하지 않아도 자녀를 위해 헌신하고 있다. 하지만 스스로에게 내가 좋은 부모인지 물어보면 자신있게 그렇다고 대답할 사람은 거의 없다.

언니에게 육아에 관한 고민을 나누었던 날, 언니는 내게 말했다.
"때로는 아이의 몫으로 남겨둘 필요도 있어."
'아이의 몫'이라니, 내가 미처 생각하지 못했던 말이었다. 사실 아이는 그 나이에 맞는 문제 해결 능력을 지니고 있다. 다만 시간이 필요할 뿐이다. 문제의 핵심은 아이가 아니었다. 사실은 아이의 능력을 믿고 기다려줄 내 힘이 부족했던 것이다. 《서툰 엄마》의 옥복녀 작가는 이렇게 말했다.
"아이를 떼어 내기 위한 연습이 엄마의 성장입니다. 더 많이 연습할수록 더 성장하는 엄마입니다. 그냥 떼어놓지는 못해요. 엄마가 먼저 마음이 안정되어야 아이를 마음 놓고 떼어놓을 수 있습니다."
엄마 마음이 먼저 안정되어야 한다는 말은 내 마음에 유리 파편처럼 콕 박혔다. 사실 아이에게 완벽한 엄마는 스스로 편안한 엄마다. 이미 충분히 헌신하고 있음에도 아이를 떼어놓지 못한다면 내가 지금 편안한지 살펴보아야 한다. 하지만 누군가는 '헬(hell) 육아'라고 부르는 이 육아의 세계에서 어떻게 천국처럼 편안한 육아를 할 수 있을까? 즐겁기만 한 육아는 세상에 없다. 하지만 '지금보다 즐거운' 육아는 존재한다. 나는 육아를 바라보는 나의 태도를 수정하기로 했다. 완벽한 육아가 아니라, 지금보다 즐거운 육아를 하기로 마음먹었다. 그리고 그를 위해서는 먼저 버려야 할 몇 가지가 있음을 깨달았다.

첫째, 완벽주의를 버리자.
"슈퍼우먼 콤플렉스에 빠지면 누구라도 괴로울 수밖에 없어요. 완벽하지 않아도 괜찮다는 이야기를 해주고 싶어요. 우리 집이 더러운 건, 천하가 알아요. 하하."
살림도 청소도 대충대충 해도 괜찮다는 말은 얼마나 안심이 되는 말인가. 그 길을 먼저 걸어간 여성학자 박혜란 작가가 한 말이다. 내가 무슨 완벽주의 성향이 있을까 싶었는데, 나에게도 잘하고 싶은 나만의 기준이 있었다. 살림도 육아도 이만큼은 되어야 한다는 기준이 있었다. 그런데 문제는 '이만큼'이었다. 그것은 바로 남의 기준이었기 때문이다. 육아도 살림도 남들처럼 할 수 없으니 괴로운 것이다. 결국 나는 '이만큼'이라는 기준을 포기하기로 했다. 내가 모든 것을 다 해줄 수는 없다. 나는 그 사실을 인정하기로 했다. 대신 내가 할 수 있는 기본에 충실하기로 했다.

'잘 먹이고 잘 자고 잘 놀게 해주자. 그리고 아이가 혼자 할 수 있는 일은 스스로 할 수 있도록 도와주자.' 나는 '아이가 혼자 설 수 있도록 도와주는 사람이다'라는 마음가짐을 가지도록 노력했다. 예를 들어 예전의 나는 아이가 넘어질 만한 곳에 먼저 가 있는 엄마였다면, 이제는 아이가 넘어지면 부축해 주고, 일어날 때까지 기다려 주는 엄마가 되기로 했다. 그래서 나는 완벽한 엄마가 아닌 조금 부족한 엄마를 선택하기로 했다.

"그게 아니지. 엄마, 나처럼 해야지."

신기하게도 나의 부족함은 아이가 채워주기도 한다. 그러면 나는 '미안, 엄마가 몰랐네'라며 사과한다. 엄마는 한결 편안해지고, 아이는 한 뼘 더 자라난다.

둘째, 모든 사람에게 사랑받고 싶다는 생각을 버리자.

고코로야 진노스케는 일본의 심리상담가이다. 그의 책 《좋아하는 일만 하며 사는 법》에 이런 말이 나온다.

"가장 좋아하는 일을 하며 살아가기 위해서는 용기를 내서 가장 좋아하지 않는 일을 일단 극복해야 합니다. 좋아하는 일을 하며 살아가는 데는 상당한 각오가 필요합니다."

육아가 행복해지려면 우선 내가 싫어하는 일의 가짓수를 과감하게 쳐내야 한다. 내가 중요하다고 생각되는 양육의 기본적인 원칙은 고수하되, 완벽하지 않아도 될 일들은 과감히 대충할 수 있는 용기가 필요하다. 살림도 마찬가지였다. 언젠가부터 나는 미리 정한 시간에만 청소하기로 마음먹었다. 대신 남는 시간에 산책도 하고, 혼자 카페에 가서 커피도 마셨다. 일주일에 한두 번은 아이와 둘이서 오붓하게 외식도 즐겼다. 장난감이 널브러진 집 풍경에도 익숙해지기로 했다. 사실 그렇게 하지 못했던 이유는 내 안에 주부라면 이래야 한다는 선입견이 있었기 때문이다. 하지만 그것은 오래전부터 전해진 남들의 생각이라는 것을 깨달았다.

"모든 사람들이 이렇게 생각하면서도 실제로 그러지 못하는 이유는 미움받는 걸 두려워하기 때문입니다."

모든 사람의 기대를 충족시킬 필요는 없다. 그럴 수도 없다. 기억해야 할 사실은 그 사람들이 내 인생을 대신 살아주지 못한다는 것이다.

셋째, 엄마도 감정 쓰레기를 버릴 줄 알아야 한다.

"왜 맘카페를 이용하는지 알 것 같아. 온종일 아기랑 같이 있다 보니 나도 모르게 맘카페에 자꾸 들어가게 되네."

얼마 전 귀여운 아기를 출산한 친구의 말이다. 나도 내가 맘카페 죽돌이가 될 줄 몰랐다. 처음에는 육아용품, 또는 육아지식을 알아내기 위해서였다. 하지만 그 속에는 육아에 지친 나와 같은 고민과 이야기가 하루에도 수없이 쏟아져 나오고 있었다. 나는 그곳에서 때로는 육아에 대한 해답을, 때로는 나를 위한 공감을 발견했다. 먼 곳에 갈 필요도 없이 그곳에는 나와 같은 엄마가 아주 많았다. 최근 오랜만에 맘카페에 들어갔는데 내 눈에 띈 사연이 있었다.

"아이 낳은 지 얼마 안 되었는데 우울증 때문에 너무 힘들어 약을 먹어요. 도무지 아이를 키울 수 없을 것만 같아요."

나는 줄줄이 달린 댓글들을 읽다가 코끝이 찡해지고 말았다.

"아이가 아주 어릴 때는 저도 매일 매일 버티는 것뿐이었어요. 하지만 아이가 크니까 하루가 달라지더라고요."

"조금만 버텨요. 보약이라도 지어 먹고요. 아이에게는 엄마가 꼭 있어야 해요."

그 여린 엄마는 아마도 자신의 솔직한 심정을 말할 곳이 필요했을 것이다. 같은 엄마가 아니면 그 심정을 어떻게 이해할 수 있으랴. 그렇게 털어 버리고 나면 다시 살아갈 힘도 얻기 마련이다. 그래서 엄마는 감정 쓰레기통이 있어야 한다. 맘카페가 아니더라도 좋다. 수시로 비울 수 있는 나의 감정 쓰레기통을 마련해 두자. 그리고 가득 채워지면 과감히 버리자. 감정 쓰레기가 가득 차면 어떻게 될까. 일상 속에서 비우지 못한 쓰레기들이 나도 모르게 툭툭 튀어나올 것이다. 즐거운 육아를 위해서는 끊임없이 내 감정의 쓰레기들을 비워내야 한다.

아이를 키우는 부모(엄마든 아빠든)는 누군가에게도 해본 적 없는 개인적이고 무조건적인 헌신을 해내야 한다. 그게 부모다. 그러니 살림과 육아에 나의 영혼을 뼈째 갈아 넣지 않아도 된다. 어차피 엄마는 내 영혼과 육체를 아이를 위해 헌신할 준비가 되어 있다. 그러니 되도록 편하게 하자. 그렇게 해야 탈이 나지 않는다. 잘하는 육아가 아닌 즐거운 육아가 되기 위해서는 완벽해지려는 마음, 모두에게 사랑받고 싶은 마음, 그리고 내 안의 감정 쓰레기들을 주기적으로 버려야 한다.

 우리가 하려는 것은 완벽 육아가 아니다. 그저 나답고 행복한 육아다. 내가 즐거운 육아, 아이도 즐거운 육아. 남들이 보면 불량할지도 모르겠다. 하지만 뭐 어떤가. 육아에 정석은 없다. 육아의 답은 남이 아니라, 나와 내 아이가 찾아내는 것이다.

내가 먼저 변해야 한다

"음……. 미안해……. 그건 좀 어려울 것 같아."

사회생활을 하면서 알게 된 친구가 있었다. 그 친구는 어느 날 나에게 부탁을 했다. 그 당시의 나에게는 무리한 부탁이었기에 나는 고민 끝에 친구의 부탁을 거절했다.

"정말 미안해."

"응. 할 수 없지, 뭐. 네가 너무 걱정이 많은 것 같아."

그 친구는 못내 서운함을 내비쳤다. 그리고 우리 둘의 만남은 점점 줄어들었고, 서서히 연락이 끊겼다. 나는 한동안 내 결정이 이기적이지는 않았는지를 되돌아보았다. 그 친구를 생각하면 종종 불편한 마음이 들곤 했다.

'그때 친구의 부탁을 들어줄 걸 그랬나?' '정말 내가 걱정이 너무 많은 사람인가?' 그후로 많은 시간이 흘렀고, 지금 내 주위에는 어려운 부탁으로 나를 힘들게 하는 친구들은 거의 없다. 가끔 힘든 부탁을 하는 친구도 있다. 하지만 내가 거절한다고 관계가 멀어지는 일은 좀처럼 없다. 내가 어떤 상황에 있든지, 나를 있는 그대로 받아들여 줄 거라 믿는다. 그래서 나는 그런 친구들에게 항상 고맙다.

나를 둘러싼 인간관계가 어떻게 변할 수 있었을까? 사실 원인은 내게 있었다. 내가 먼저 변하자 내가 만나는 친구들도 변한 것이다. 모든 관계는 나와 상대방이 서로 맞물려 돌아가기 마련이다. 나만 손해 본다고 느끼며 힘들어 했던 그 관계도 사실 손해를 허락한 사람은 바로 나였음을 알았다. '상대는 나를 비추는 거울이다'는 유명한 말이 있다. 하지만 나는 이 말의 뜻을 지금에서야 조금씩 깨닫고 있다.

열여섯의 나이에 자신이 살던 집에서 탈출하기로 한 소녀가 있었다. 그후 그녀는 운 좋게 패션모델이라는 직업을 발판으로 서서히 자신만의 안정된 삶을 찾아가는 듯했다. 하지만 문제가 있었다. 자꾸만 자신을 폭력적으로 대하는 남자들만 만나는 것이었다. 그녀는 자신의 내면을 들여다보기 시작하며 중요한 사실을 깨달았다.

"어린 시절에 경험했던 폭력과 자신이 가치 없는 존재라는 생각이 결합되어서 나는 계속 나를 함부로 대하고 심지어 나를 때리기도 하는 나쁜 남자들을 인생에 끌어들였다."

상대방을 끌어당기는 자석은 바로 자신에게 있었던 것이다. 그녀의 과거에는 어떤 일이 있었던 것일까? 그녀는 어려서부터 가난과 폭력, 성적 학대에 노출되어야 했다. 나중에 그녀 스스로 내면을 돌보기 시작하면서 자신 안에 켜켜이 쌓인 수치심, 무가치함, 무기력함을 발견할 수 있었다. 그리고 그것들이 만들어낸 생각 패턴이 있음을 알았고, 그것을 씻어내기 시작했다. 그러자 자신을 둘러싼 관계들이 변하기 시작했다.

"이제, 여자를 학대하는 남자는 나에게 아무런 관심도 갖지 않는다. 나의 패턴이 더 이상 그런 남자들을 끌어당기지 않기 때문이다."

그녀는 그들과 자신을 용서함으로써 과거의 상처를 치유했다. 그리고 그녀는 수많은 사람의 마음을 돌보는 치유의 전령이 되었다. 그녀는 바로 앞에서 언급한 미국의 대표적인 심리치료사인 루이스 헤이(Louise Hay)다. 그녀가 세상을 떠난 지금도, 많은 사람들이 그녀가 남긴 치유의 메시지에 귀를 기울인다.

'내가 변해야 관계가 변한다.' 우리가 많이 들어본 말이다. 하지만 지금 관계로 인해 큰 고통을 겪는 누군가에게 이런 말은 오히려 반감을 사기도 한다. '그럼 내가 잘못 살고 있다는 말인가?'라는 의구심마저 든다. 여기서 핵심을 놓치지 말아야 한다. 주체는 언제나 '나'이다.

주객전도를 삼가야 한다.

　중요한 것은 내 안의 상처를 들여다보고 치유하는 것이다. 그 결과로 자연스레 얻게 되는 것이 바로 편안하고 사랑이 충만한 관계다. '그 사람'을 바꾸는 것이 목적이라면 효과는 미미할 것이다. 내 초점이 여전히 '그 사람'이기 때문이다. 하지만 초점이 나라면 변화의 속도는 빨라질 것이다. 왜냐하면 내가 변하는 기쁨이 너무나 크기 때문이다.

　원래 아이는 순수라는 결정체였다. 나도 아이였다. 우리는 모두 그랬다. 그래서 치유와 변화는 한순간에도 가능하다. 그것은 내가 본디 가진 나의 원초적 모습을 기억해 내는 것이기 때문이다. 문득 아이를 보면 드는 생각이 있다. '나는 아이에게 어떤 굴절을 만들어 내고 있을까?' 나는 진심으로 사과할 준비가 되어 있다. 어차피 나는 아이에게 지대한 영향을 미칠 것이고, 그중에는 내가 원치 않아도 형성된 나만의 굴절이 있을 테니까. 하지만 나는 아이에게 이렇게 말할 것이다.

　"미안해. 엄마가 그렇게 한 게 맞아. 하지만 엄마도 무한히 고치려고 노력했단다."

　"우리는 사물을 있는 그대로 보지 않고 자신에게 맞추어 바라본다."
　탈무드에는 이런 말이 있다. 나는 나대로, 너는 너대로 자신의 프리즘으로 수많은 굴절을 만들어낼 수밖에 없는 것이 바로 관계다. 그래서 관계는 평생 어렵다. 우리는 너무 쉽게 판단하고, 내가 한 판단을 믿어 버린다. 사실 그것이 나의 프리즘이 만든 굴절이라는 것을 안다면 관계는 조금 더 쉬워질 수도 있다. 좋은 관계란 무엇일까? 굴절 없이 서로를 있는 그대로 받아들이는 관계가 아닐까. 그러한 노력을 통해 우리는 나도 모르는 사이에 생긴 프리즘을 이해하고, 나와 화해할 수도 있다. 좋은 관계란 너를 통해 진짜 나를 만나는 것이다. 내 안의 진짜 아름답고 순수한 나를 깨우치는 것이다. 언젠가 한 스님이 이런 말씀을 하셨다.

"결혼을 해봐야 철이 들어요. 진짜 마음수련은 바로 결혼생활을 해봐야 해요."

나를 수련하는 가장 좋은 체험은 바로 결혼이 아닐까? 이곳에서는 거울 속 나를 외면하는 일이 쉽지 않다. 상대방의 모습에서 나는 매일같이 나 자신을 만나야 한다. 결혼은 내가 만들어 내는 굴절을 이해하고 조절하는 과정이다. 이 과정에서 자신을 치유하고, 남을 있는 그대로 받아들이는 일을 될 때까지 연습한다. 그 결과 우리는 성장한다.

인생에는 결코 공짜 수업이 없다. 적당히 넘어가면 적당히 살게 된다. 그래서 아프더라도 제대로 살아야 한다. 그래야 행복도 두 팔 벌려 만끽할 수 있다. 결혼이라는 과목에는 내가 배운 모든 것들을 꺼내야만 하는 과제가 있다. 과제의 목적은 나의 성장이다. 그러니 결혼이란 꽤 쓸모있는 수업이 아닐까?

결혼하고 엄마가 되는 선택을 한 우리는 지금 바로 엄청난 배움의 장에 있는 학생들이다. 그리고 이 과정을 피하지 않는다면 우리는 나와 화해할 것이고, 모두의 프리즘을 존중할 수 있는 인격을 가질지도 모른다. 그리고 알게 될 것이다. 아픔, 이별, 만남, 그 모든 과정은 그저 나에게 펼쳐진 학교였음을. 두려워 할 것도 망설일 것도 없다. 우리는 나를 비추는 많은 거울로부터 배울 것이고, 아프지만 변할 것이다. 그리고 아이 같은 순수함은 찾아가되 더욱 더 지혜로워질 것이다.

지금 내가 가진 프리즘은 무엇인가? 중요한 것은 그 프리즘을 통해 나도 몰랐던 나의 상처를 꺼내어 보듬어 줄 수 있다는 사실이다. 잊지 말자. 지금 보고 있는 것은 내가 만든 굴절이라는 것을. 그러므로 내가 변해야 세상이 변한다는 말은 만고불변의 진실이다.

"

좋은 습관은
한 사람의 삶을 변화시킨다.

"

엄마의 마음챙김 방법

용기는 결심이 아니라 행동이다

"나 영어학원을 해보려고 하는데, 어떻게 생각해?"

4살, 6살이 된 두 딸을 키우는 친구가 물었다. 우리는 가끔 안부 전화를 하곤 했다. 나는 나대로 친구는 친구대로 육아의 어려움을 털어놓으며 서로를 위로했다.

"나는 육아랑은 안 맞나봐. 애한테 미친년처럼 화를 내다가 아이가 잠들고 나면 너무나 미안해서 울면서 사과해. 그런데 그 다음 날도 화내고 사과하고, 또 화내고 사과하고……. 나 병원에 가봐야 하나?"

아이를 키우지 않았다면 결코 몰랐을 엄마의 그 감정들, 그것을 너무나 잘 알기에 우리는 서로를 위로했다.

"나도 그래. 너만 그런 게 아니야."

그런데 그날은 달랐다. 자신의 꿈에 관해 이야기하는 그녀의 목소리는 매우 진지했다. 그녀는 오랫동안 생각해온 일이라며 자신이 사업을 하고 싶은 이유에 관해 설명했다. 첫 번째로 외벌이인 남편 월급만으로는 아이 둘을 풍족히 교육할 수 없다는 것이었다. 두 번째는 자신의 영어 강사 경력과 엄마로서의 경력을 합치면 괜찮은 영어학원을 차릴 수 있다는 것이었다. 세 번째는 엄마 아닌 나 자신을 찾고 싶다고 했다. 나는 그녀의 이야기를 다 듣고 말했다.

"해! 결심했을 때 무조건 해."

"해야 할 이유가 충분하니까, 힘든 고비가 있더라도 넘길 수 있을 거야."

하지만 그녀가 사업을 시작해야 할 이유만큼이나 하지 말아야 할 이유 또한 많았다. 무엇보다 코로나로 인해 기존에 있던 학원마저 운영이 어려운 상황이었다. 그리고 그녀의 동네에는 아이들을 늦게까지 맡길 어린이집을 찾기가 하늘의 별 따기만큼이나 어려웠다. 게다가 시댁의 반대도 만만치 않았다. 새로운 도전을 망설이는 그녀에게 나는 이렇게 말했다.

"그게 네가 진짜로 원하는 거라면 용기를 내봐."

지금 그녀는 영어독서 전문학원을 경영한 지 1년 차다. 나 또한 말은 그렇게 했어도 그녀가 진짜 시작할 수 있을지는 의문이었다. 하지만 그녀는 곧바로 실행했다. 몇 달간의 준비 끝에 학원 문을 열었다. 물론 학원이 처음부터 잘 된 것은 아니었다. 그녀 또한 예상했던 일이기도 했다. 하지만 그녀는 실망하지 않고 학원에 자신의 노하우와 열정을 쏟아부었다. 그리고 그 결과는 차츰차츰 나타났다. 학부모들의 입소문을 타고 차츰차츰 원생이 늘어났다.

"나도 처음엔 망설였어. 그런데 언니가 '내가 알던 언니가 맞나?' 싶을 정도로 강력하게 권하는 거야. 그런 언니 덕분에 용기를 낸 거지."

사실 그 전의 나였다면 그녀를 뜯어말렸을 것이다. 하지만 그간 육아로 우울했던 시간은 나에게 귀중한 깨달음을 주었다. 바로 무언가 강렬하게 이끌린다면 해봐야 한다는 것이다. 누군가가 내주는 숙제 같은 삶을 살고 싶은 사람은 아무도 없다. 삶은 언제까지 나를 기다려 주지 않는다. 정말 내가 원하는 삶을 살고 싶다면, 이제 망설임을 멈추고 시작해야 한다. 만약 성공을 확신할 때까지 시작을 미룬다면 그때는 이미 늦는다. 처음 시작할 때부터 성공을 예상하는 사람은 아무도 없다. 실패할 수도 있다. 하지만 도전하지 않는 사람에게는 실패 또한 없다.

"용기가 없는 사람에게는 어떤 좋은 것도 생기지 않는다."

마르쿠스 아우렐리우스(Marcus Aurelius)의 말처럼 진짜 좋은 것을 원한다면 용기를 내야 한다.

평범한 주부에서 고액 연봉의 스타 강사가 된 김미경은《언니의 독설》,《엄마의 자존감 공부》등 여러 권의 책들을 펴낸 베트스셀러 작가이기도 하다. 하지만 강사로서 충분한 성공을 거둔 그녀도 코로나의 직격탄은 피할 수가 없었다. 한 번에 모든 강의가 취소되는 위기를 맞은 것이다. 그리고 언제 다시 강의를 할 수 있을지 기약도 없었다. 하지만 그녀는 걱정만 하고 있지 않았다. 당장 수많은 책을 읽으며 밤새도록 위기를 헤쳐나갈 방법을 연구했다. 그리고 자신이 알아낸 모든 것을 자신의 유튜브 채널을 통해 나누어 주었다. 그 결과 코로나라는 위기가 찾아온 지 1년 반 만에 그녀의 채널은 138만 명의 구독자를 보유한 가장 영향력 있는 채널로 성장했다. 나 역시 그녀의 채널 구독자이다. 특히 육아로 심신이 지쳐 있을 때 그녀의 영상들이 큰 도움이 되었다. 우선 그녀 특유의 솔직한 입담에 배꼽을 잡는다. 그러다 그녀의 묵직한 조언을 들으면 '아, 바로 그거구나'라는 생각으로 무릎을 '탁' 친다. 그녀가 위기를 더 큰 성공으로 이끌 수 있었던 원인은 무엇일까?

전업주부로 살던 20대의 그녀는 돈을 벌어야겠다고 결심했다. 아이만 보는 것이 적성에 맞지도 않았다. '전공이 음악이었으니 피아노를 가르쳐서 돈을 벌어 보자'고 생각했다. 하지만 그녀의 집에는 아이들을 가르칠 피아노 한 대조차 없었다. 그 순간 그녀는 시골의 친정에 있는 피아노를 기억해냈다. 그러고는 당장 용달차를 빌려 실어 왔다.

그녀는 마음을 먹으면 바로 실행하는 사람이었다. 모든 것이 확실한 상황이 될 때까지 기다릴 수는 없었다. 피아노를 가르쳐야겠다고 결심한 순간 어떻게든 피아노를 구해왔다. 용달차를 불러 당장 피아노를 실어 온 실행력이 그녀의 성공 원인이었다. 그녀는 피아노 한 대로 시작해 인기 있는 피아노 강사로, 원생 200명의 음악학원 원장으로, 엄마들의 심금을 울리는 강사로, 지금은 MKYU라는 온라인 교육 플랫폼의 학장으로 자리매김하고 있다. 한 강연에서 그녀는 '좋은 엄마'에 대해 이렇게 말했다.

"자식보다 30년 먼저 살면서 자식이 앞에서 할 수 있는 모든 실수를 내가 조금 더 미리 해보고 (중략) 일어난 경험, 어떻게 일어났는지 말해주는 사람, 그래서 그렇게 일어났다면 지금 넘어진 사람한테 손을 내밀 수 있는, 그런 마음을 가진 사람이라면 다 좋은 엄마라고 생각해요."

브레네 브라운(Brene Brown)은 미국 휴스턴 대학의 연구 교수이자 지난 20년 동안 용기, 취약성, 수치심, 공감 등을 연구한 심리 전문가이다. 또한 그녀의 TED 강연 〈취약성의 힘〉은 '전 세계에서 가장 많이 본 TED 강연 TOP 5'에 오르기도 했다. 그녀는 《진정한 나로 살아갈 용기》에서 이렇게 말했다.

"취약성의 정의는 불확실성과 위험, 감정 노출이다. 그러나 취약성은 나약함이 아니다. 취약성은 용기를 가장 정확하게 재는 척도다."

그녀는 강연과 책을 통해 줄곧 우리에게 취약성을 드러내라고 말한다. 왜냐하면 '우리가 얼마나 용감하냐'에 대한 답은 '우리가 얼마나 취약성을 드러내는가'에 달려 있기 때문이다. '불확실성에도 나의 취약함을 드러내는 것'이 바로 '용기'라고 말한다. 어렸을 때 나는 혼자서 경주 여행을 해보고 싶었다. 하지만 나는 용기를 내지 못했다. 만약 그때 어떻게든 경주행 기차표를 끊어 기차에 올랐다면 어땠을까? 나는 더 많은 것들에 용기를 낼 수 있지 않았을까? 비록 나의 첫 여행이 엉망진창이 되었을지라도 말이다.

용기란 '내일부터 이렇게 살아야지'라고 결심하는 게 아니다. 용기는 불확실성에도 불구하고 나아가는 것이다. 오늘 나에게 필요한 용기는 무엇일까? 누군가에게는 피아노를 가져오는 것이고, 누군가에게는 혼자 떠나는 것이다. 또 누군가에게는 멀어진 친구에게 연락하는 것이고, 누군가에게는 홀로 서는 것이다. 무엇이 됐든 간에 좋다. 그게 오늘 내가 내야 할 용기라면 그냥 해보자. 2차 세계대전을 승리로 이끈 영국의 정치가이자 작가인 윈스턴 처칠(Winston Churchill)은 이렇게 말했다.

"용기는 마땅히 가장 위대한 미덕이다. 나머지 것들은 모두 용기에 달려 있기 때문이다."

잊지 말자. 두려워도 하는 것, 바로 그것만이 내 삶을 나아가게 한다. 용기는 결심이 아니라 행동이기 때문이다.

오늘의 습관이 10년 후 나를 만든다

"미안해요."

어린 아들을 안고 병원에 있는 할아버지를 보러 갔을 때였다. 할아버지는 나를 알아보시고 어렵게 말을 내뱉으셨다. 할아버지의 눈가에 맺힌 눈물이 보였다. 그게 내가 본 할아버지의 마지막 모습이었고, 내가 들은 마지막 한마디였다. '무엇이 그토록 미안하셨을까?' '당신이 고통스러워 하는 모습을 손주들에게 보이는 것마저 미안해 했던 것은 아닐까?' 이제 와서 나는 할아버지의 심정을 추측해 볼 뿐이다.

할아버지는 평생 좋은 습관을 중요하게 여기셨다. 손주들에게 말을 높이는 습관으로 항상 우리를 존중해 주셨다. 또한 매일 아침 등산을 하는 습관으로 100세가 넘으실 때까지 건강하셨다. 그리고 오후에는 틈틈이 그림을 그리거나 글을 쓰곤 하셨다. 끊임없이 이어진 할아버지의 취미활동은 이제 가족들에게 남겨진 귀한 유산이 되었다. 할아버지의 삶은 내게 큰 교훈을 주었다. 바로 좋은 습관이 좋은 삶을 만든다는 것이다. 그리스의 철학자 아리스토텔레스는 이렇게 말했다.

"반복해서 실행한 것이 곧 우리 자신이 된다."

할아버지는 지금 나의 곁에 없다. 하지만 아름다운 유산이 된 할아버지의 생애는 언제까지나 내 곁에 남아 있을 것이다.

1828년 9월 9일 러시아 남부지방에서 태어난 한 소년이 있었다. 그는 어려서 부모를 잃고 친척 집에서 자랐다. 19살인 그는 창의적인 생각을 억압하는 대학교 교육 방식에 실망을 느껴 자퇴한다. 그때부터 생애의 마지막 순간까지 무려 63년 동안 일기를 썼다. 평생 쓴 일기가 20권에 이른다. 그는 정식 교육을 받지는 못했지만 매일 일기를 통해 자신의 삶을 성찰함으로써 세계적인 작가가 될 수 있었다. 그는 바로 《전쟁과 평화》, 《안나 카레니나》 등의 작품을 쓴 레프 니콜라예비치 톨스토이(Lev Nicolayevich Tolstoy)다. 그의 일기 쓰기 습관은 톨스토이 가문의 전통이 되었다. 러시아 귀족 중 가장 번성한 가문이 된 톨스토이 가문의 정체성은 바로 일기 쓰기 습관이었다.

그 외에도 톨스토이는 남을 배려하고 겸손하게 배우려는 태도를 가지려고 노력했다. 루소를 역할 모델로 정하고, 항상 자신의 단점이 무엇인지 알고 개선하려고 노력했다. 좋은 행동습관뿐만이 아니라, 생각 습관과 태도 습관을 기르려고 노력했다. 좋은 습관은 한 사람의 삶을 변화시켰다. 그리고 한 사람의 삶은 그 가문의 정체성이 되었다. 즉, 한 사람의 좋은 습관은 그 가문을 변화시킬 힘을 지닌 것이다. 그러므로 아리스토텔레스의 "탁월함은 하나의 사건이 아니라 습관이다"라는 말은 정말로 사실이다.

"올해도 망했다."

마흔 해를 살아오면서 매해의 마지막 날이면 늘 내게 하는 말이었다. 새해가 시작되면 야심 차게 세운 계획도 3일을 가지 못했다. 마흔한 살이 되던 해였다. 문득 이런 생각이 들었다. '올해 마지막 날에 내가 "올해도 망했다"고 말하지 않으려면 어떻게 살아야 할까?' 내가 생각해낸 답은 바로 좋은 습관을 길들이는 것이었다. 한 번 하고 마는 것이 아닌, 오늘도 내일도, 그 다음 날도 반복해서 할 수 있어야 했다. 하지만 무기력함과 게으름에 허덕이던 내가 과연 좋은 습관을 기를 수 있을까? 나조차도 의심스러웠다.

그런 내 삶에도 반전이 있었다. 1년 전에 한 결심을 지금까지 꾸준히 지키고 있으니 말이다. 하루쯤 일찍 일어나고, 며칠쯤 좋은 생각을 하는 것이 아니었다. 나는 작년 여름부터 꾸준히 나만의 루틴을 실천하고 있다. 그리고 그 루틴이 이제는 나만의 의식으로 자리 잡았다.

아침 독서, 명상, 일기 쓰기, 오후 산책, 긍정적으로 생각하기 등의 습관이 차츰차츰 자리를 잡아가고 있다. 그리고 이러한 습관은 내 삶에 긍정적인 변화를 가져왔다. 사실 생활 습관, 생각 습관이 잘 자리 잡기 위해 내가 한 일은 큰 게 아니었다. 단지 아주 사소한 변화를 주었을 뿐이다. 그 사소한 변화는 다음과 같다.

첫째, 가장 작은 것부터 시작한다.

제임스 클리어(James Clear)는 촉망받는 야구선수였지만 훈련 중에 얼굴 뼈가 30조각이 나는 사고를 당했다. 하지만 그는 좌절 대신, 매일 1%의 성장을 목표로 일상의 작은 성공을 이뤄 나갔다. 그가 쓴 책《아주 작은 습관의 힘》은 습관을 기르는 데 실패한 많은 이들의 길라잡이가 되었다. 그의 책에서는 한 가지 일을 지속하기 위해서는 우선 그것이 터무니없을 만큼 사소해야 한다고 한다.

"새로운 습관이 뭔가에 도전하는 것과 같은 기분이 들어선 안 된다. 그에 따른 행동이 도전적인 것이 될 수는 있지만, 첫 시작 2분은 쉬워야 한다."

그는 새로운 습관을 시작할 때 그 일을 2분 이하로 하라고 말한다. 예를 들어 '매일 밤 침대에 들기 전에 책을 읽어야지'를 '한 페이지'로 바꾸라고 말한다. '오늘 요가를 해야지'는 '요가 매트를 깔아야지'로 바꿔야 한다.

운동을 정말 싫어하는 나는 운동습관을 기르기 위해 아이가 등원하는 시간에 '매일 한 시간씩 걸어야지'라고 다짐을 했었다. 하지만 다짐을 실천한 적은 거의 없었다. 그러나 이 책을 접하고 난 후 나는 목표를 수정했다. 목표를 '아이가 등원할 때 매일 한 시간씩 걸어야지'가 아닌 '운동화를 신어야지'로 정했다. 실제 이 방법은 매우 성공적이었다. 운동화를 신기만 하면 자연스럽게 그 길로 걸어가게 되었다. 길을 따라 걸으면 한 시간쯤은 거뜬히 지났다. 자연스레 아이를 등원시키며 나는 한 시간씩 걷게 된 것이다. 이처럼 나는 티끌만큼 사소한 것으로부터 습관을 만들 수가 있었다.

둘째, 같은 시간과 장소에서 같은 일을 하자.
고바야시 다다아키는 서른을 맞이하며 인생에 대한 불안감에 휩싸였다. 그는 뭐라도 준비해야겠다는 마음에 자격증 공부를 시작했지만 중도에 포기하는 일이 반복되었다. '내가 항상 그렇지 뭐'라는 생각으로 침울한 나날을 보내던 중 우연한 기회에 블로그를 시작했다. 지속해서 블로그와 메거진을 발행한 결과 지금은 일본 최고의 비즈니스 코치이자 웹 컨설턴트로 활동하고 있다. 그는 자신의 경험을 토대로 어떤 일이라도 꾸준히 지속하면 자신감이 생겨 삶을 가치 있게 바꿀 수 있다고 말한다. 그의 책《보통 사람의 인생을 특별하게 만드는 지속하는 힘》에서 그는 이렇게 말했다.

"어떤 일을 하는 습관이 생겼다는 것은 뇌 속에 회로가 생겼다는 것인데, 같은 장소나 같은 시간대에 반복적으로 같은 일을 하다 보면 뇌 속 회로가 한층 강화되는 특징이 있기 때문이다."

나는 책 읽기를 좋아하지만, 사실 TV의 유혹을 이기지는 못한다. TV 보는 것이 꼭 나쁜 것은 아니다. 그러나 문제는 TV를 한번 보면 계속 보게 된다는 데 있다. 그래서 나는 정해진 시간이 아니면 대개 서재로 직행한다. 커피 한 잔을 타서 서재로 들어오면 그때서야 책을 보거나 블로그에 글을 쓰게 된다. 만약 커피를 들고 소파로 간다면 나는 자연스레 계속 TV를 볼 것이 뻔하다. 내가 무언가를 지속하기를 원한다면 하루 중 일정한 시간대, 일정한 장소에서 같은 일을 반복해야 한다.

셋째, 고비를 넘길 때까지 어떻게든 반복해야 한다.

2009년 영국 런던대학교의 한 연구 결과에 의하면 66일을 지속하면 하나의 습관을 만들 수 있다고 한다. 3일째, 21일째 두 번의 고비를 넘겨 66일에 이르면 의식적으로가 아니라, 습관적으로 행동을 하게 된다고 한다. 즉, 어떠한 방법으로든 66일을 넘겨야 하는 이유다.

나는 매일 아침 확언을 하는 습관을 기르고 싶었다. 하지만 확언이 익숙지 않아서 그런지 쉽지가 않았다. 그래서 내가 구독하는 한 유튜버의 확언 챌린지에 참여했다. 역시 60명의 팀원과 매일 함께한다는 것만으로도 큰 힘이 되었다. 두 달 동안 확언 챌린지에 참여한 나는 드디어 혼자서도 확언하는 습관을 기를 수 있었다.

  두둑한 보상을 해도 좋다. 누군가와 함께해도 좋다. 내게 맞는 어떤 방법을 택해서라도 66일 동안 포기하지 말자. 66일을 넘기면 나의 습관으로 자리 잡게 된다.

  나의 삶을 바꾸고 싶다면 그에 맞는 습관을 기르면 된다. 습관이라는 기차는 우리를 꿈이라는 종착역에 데려다 줄 것이다. 습관이라는 기차의 조종사는 나의 무의식이다. 이 기차에 올라타면 나는 힘을 들이지 않고 종착역에 이를 수 있다. 우리는 그동안 습관을 너무 힘겹게 생각해 왔다. 하지만 가장 작은 것부터 시작해서 매일 같은 시간, 같은 장소에서 66일간 같은 일을 한다면 새로운 습관을 만드는 것도 그리 어렵지 않다.

하루 3분, 마음 디톡스 명상법

디톡스(detoxification)는 인체 내에 축적된 독소를 빼는 것이다. 유해 물질이 몸 안으로 과다하게 들어오는 것을 막고, 몸 안의 노폐물 배출을 촉진하는 것이다. 그런데 우리에겐 몸뿐만 아니라, 마음 디톡스도 필요하다. 마음에 쌓인 독소, 스트레스, 짜증, 분노 등의 부정적인 생각과 감정을 빼내는 일도 아주 중요하다.

마음의 독소를 빼내는 대표적인 방법으로는 명상이 있다. 몬트리올 대학의 연구진은 명상하는 사람은 그렇지 않은 사람에 비해서 통증과 감정을 조절하는 뇌 부위가 상당히 두껍다는 사실을 발견했다. 이 부위가 두꺼우면 사람은 고통을 덜 느낀다고 한다. 그밖에도 명상의 효과에 관한 많은 과학적 연구들이 있다. 연구에 따르면 명상은 자기 통

체력을 높여주고 수면장애를 줄여주며 집중력을 높여준다.

달라이 라마, 틱낫한과 함께 21세기를 대표하는 영적 지도자로 손 꼽히는 에크하르트 톨레(Eckhart Tolle)는 20대에 지독한 우울증을 앓았다. 톨레는 우울증에 못 이겨 어느 날 자살을 결심했다. 이윽고 스스로 목숨을 끊으려는 순간이 다가왔다. 하지만 깨달음을 통한 내적 변화를 경험한 후 완전히 다른 삶을 살게 되었다. 그의 저서 《지금 이 순간을 살아라》에서 그는 이렇게 말했다.

"우리는 마음이라는 것을 우리 자신과 동일시 합니다. 그 때문에 우리는 무언가를 생각하지 않으면 안 된다고 스스로를 억압하고 있는 것입니다. 생각을 멈출 수 없다는 것이 사실은 엄청난 고통임에도 우리는 이를 깨닫지 못하고 있습니다."

그는 자신을 마음과 동일시 하지 않기 위하여 항상 자신의 마음을 관찰할 수 있어야 한다고 말한다.

"늦게 들어와서는 좀 도와줘야지. 내가 애 보고 밥하는 사람이야?"

내 입에서 남편을 향한 원망이 쏟아져 나오려는 순간이었다. 나는 조용히 부엌에서 빠져나왔다. 그 길로 곧장 안방의 화장실로 향했다. 그곳은 나의 아지트였다. 주로 거실의 화장실만 쓰는 남편과 아들은 안방 화장실까지 들어올 일이 거의 없었다. 그곳은 육아에 지칠 때, 도무지 생각이 정리되지 않을 때, 내 마음을 나도 모를 때, 무작정 내가 찾는 곳이었다. 마음이 힘들 때 이곳에 들어오면 안도감을 느꼈다. 그곳에서 나는 종일 마주칠 일이 없는 내 얼굴을 들여다보게 되었다. 듣는 이도 없으니 속 시원히 가슴속에 담아둔 말을 거울 앞에 쏟아 놓았다. 여전히 심장은 두근두근 뛰고 있었다. 가슴에 두 손을 올려 내 심장 소리를 느꼈다. 화로 뭉친 내 심장의 근육이 조금씩 풀리는 기분이 들었다.

그 순간 나는 알아차렸다. '내가 지금 분노로 경직되어 있구나.' 신기하게도 내 마음을 알아차리는 순간 펄펄 끓었던 내 마음의 온도가 차츰차츰 내려갔다. 마음의 온도가 적정선에 이르자 평온이 찾아왔다. 마음이 평온해지자 상대방을 생각할 여유가 생겼다. '그래, 무더위에 마스크까지 쓰고 온종일 얼마나 힘들었을까?' 그제야 나만 바라보던 시야가 남도 바라볼 줄 아는 시야로 넓어진 것이다. 나는 오직 '나의 마음'에만 집중해 있었다. 하지만 이런 나의 마음을 알아차리자 무더위에 온종일 고생했을 남편으로 생각이 옮겨갔다. '나는 그래도 시원한 집 안에서 아이랑 쉴 수도 있는데 남편은 그런 시간도 없었을 거야.' 원망은 측은함으로 바뀌고, 억울함은 미안함으로 바뀌었다. 상황은 바뀐 것이 없는데, 관점이 변하자 내 얼굴도 변했다. 거울 속에 비친 내 얼굴에 분노가 사라졌다. 비로소 나는 평정심을 되찾았다. 거실로 나와 남편에게 말을 건넸다.

"설거지는 내가 할게. 과일 먹고 쉬고 있어."

그제야 고생하고 들어온 남편의 피곤한 얼굴이 눈에 들어왔다. 분노, 짜증, 억울함 등의 감정이 내 몸에서 빠져나가고 나면 누가 제일 좋을까? 그건 바로 나 자신이었다. 부정적인 감정이나 쓸데없는 걱정에서 해방되면 가장 자유로운 사람은 바로 나였다. 그래서 나는 나를 위해 꾸준히 명상하기로 했다.

물론 내가 처음부터 명상으로 스트레스를 다스린 것은 아니었다. 인터넷 쇼핑을 하기도 했고, 전화로 몇 시간이고 수다를 떨기도 했다. 하지만 그때뿐이었다. 임시방편으로 메워 놓은 마음의 둑은 물이 조금만 넘쳐도 터지기 일쑤였다. 제대로 해소되지 않은 화는 마음에 남아 병이 되었다. 우울증이라는 이름으로 나를 더 괴롭혔다. 명상이 좋다는 것을 알았지만 막상 생활 속에서 명상을 꾸준히 하는 일은 어려웠다. 특히 나는 명상에 대한 편견이 있었다.

명상은 특별한 사람만 하는 것으로 생각했다. 명상은 종교인들이 자신을 비우기 위해 행하는 수행으로만 생각했다. 하지만 찾아보니 명상의 방법은 아주 다양했다. 종교적인 수행도 있지만, 종교와 상관없이 일반인들이 충분히 할 수 있는 명상도 많았다. 그리고 명상을 하면 자신의 꿈마저 버려야 한다고 오해했다. 왠지 끝도 없이 비워내고, 내가 원하는 것까지 비워내야 할 것만 같았다. 나는 앤디 퍼디컴(Andy Puddicombe)의 《당신의 삶에 명상이 필요할 때》에서 이 의문에 대한 답을 찾았다.

"명상을 하려면 꿈과 야망을 버려야 한다고 여기는 사람들이 있는데 절대로 그렇지 않다. 오히려 명상을 이용하면 그러한 목적과 방향을 명확하게 규정하고 지원할 수 있다."

사실 우리는 무작위로 떠오르는 생각들의 노예다. 하지만 명상은 진짜 중요한 생각을 가려내 내 생각의 주인이 되게 해준다. 즉, 명상은 진짜 내 꿈을 찾게 해주는 내비게이션인 셈이다. 나는 명상은 특정한 방법이 없다고 생각한다. 자신에게 알맞을 때에 알맞은 방법으로 하는 것이 최고다. 나와는 멀게만 느껴진 명상이 내 삶의 일부분이 될 때까지 내가 시도한 명상법을 소개할까 한다.

첫째, 정해진 시간과 장소에서 하자.

나는 아침에 일어나서, 그리고 자기 전에 규칙적으로 명상을 한다. 명상을 하는 장소는 내 책상 의자다. 물론 하루 중 어느 때라도 필요하면 화장실에 숨어 나의 감정을 관찰하는 명상을 한다. 하지만 그것과 별개로 매일 아침과 밤에 시간을 내어 명상을 한다. 아침의 명상은 내 하루를 밝혀 주고, 잠들기 전의 명상은 그날 하루를 잘 정리하게 해준다. 물론 못할 때도 있다. 하지만 매일 아침 세수를 하듯, 우리 마음도 명상으로 닦는 습관을 지녀야 한다. 마음을 닦고 난 후에 개운함을 느껴 보자. 세수를 하지 않으면 찝찝하듯, 명상을 하지 않으면 허전할 것이다. 명상을 삶의 일부분으로 흡수할 때까지 정해진 시간과 장소에서 하는 습관을 기르는 것이 중요하다.

둘째, 처음에는 되도록 짧게 시작하자.

명상이 어렵다고 생각하는 이유는 오랜 시간 명상을 해야 효과가 있을 거라고 믿기 때문이다. 나도 처음에는 오래 명상을 하고 싶었다. 하지만 나는 10분이라는 시간조차 견디기 힘들었다. 그래서 3분만 해보기로 했다. '3분 동안 무엇을 할 수 있을까'라고 생각할 수 있다. 하지만 매일 3분을 꾸준히 하는 일도 어렵다. 일단 1분이든 3분이든 명상의 참맛을 아는 것이 더 중요하다. 그 참맛을 알게 되면 명상의 시간은 점점 늘어날 수밖에 없다.

셋째, 그 어떤 시도도 하지 않는다.

명상의 목적은 언제나 내 생각을 관찰하는 것이다. 명상을 하기 위해 알아야 할 한 가지는 바로 그 어떤 생각도, 그 어떤 감정도 억압하지 말아야 한다는 것이다. 그저 생각이 잘 올라오기만을 기다려야 한다. 나는 오롯이 나의 감정을 느끼고, 그 감정이 나를 통해 나가기를 기다렸다. 그 이후에 떠오르는 무언가가 있다면 잘 건져내기만 하면 된다. 명상을 통해 무언가를 얻어내려고 하지 말자. 기억해야 할 것은 명상의 목적은 관찰이지 통제가 아니라는 점이다.

나는 아직도 마음의 고삐를 놓칠 때가 있다. 하지만 예전처럼 두렵지는 않다. 잠깐 시간을 내어 명상을 한다면 다시 놓친 마음의 고삐를 잡을 수도 있다. 에크하르트 톨레는 다음과 같이 말했다.

"(깨달음은) 어떠한 힘 앞에서도 부서지지 않는 그 무엇, 겉거죽의 나보다 훨씬 위대한 그 무엇에 연결된 상태입니다. 내 이름과 모습 뒤에 숨어 있는 본래의 나를 발견하는 것입니다."

지금 아무리 흔들리고 고통스러워도 화장실을 찾아 단 1분이라도 내 감정을 들여다보고, 내 생각이 흘러가도록 해보자. 흘러가고 나면 그 안에 있는 가장 신성한 존재, 신과 맞닿은 나라는 존재가 나를 기다릴 것이다. 명상으로 발견한 나는 그 누구보다 용기 있고, 사랑으로 충만하고 자비로운 '진짜 나'였다.

내 마음의 주인이 되고 싶다면 이것만은 꼭 기억해야 한다. 내 마음을 꽉 채우고 있는 독소부터 빼내야 한다. 마음 디톡스에 명상만큼 좋은 것은 없다. 하루에 3분씩 꾸준히 명상을 해보자. 내 마음이 나날이 건강해지고, 내 삶은 더욱 아름다워질 것이다.

긍정 확언, 꿈을 로켓 배송하는 방법

"박지성이나 김연아 선수처럼 이름만 말하면 다 아는 선수가 되고 싶다."

2018년 8월 한 방송 인터뷰, 앳된 얼굴의 여고생이 당차게 자신의 포부를 밝혔다. 그녀는 바로 도쿄올림픽에서 사상 첫 양궁 3관왕에 오른 안산 선수다. 그녀는 올림픽 경기가 치러지는 중에 좋지 않은 논란에 휩싸이기도 했다. 그런데도 그녀는 침착하게 경기에 임해 자신의 기량을 맘껏 발휘했다. 세 번째 금메달을 목에 건 직후 취재진과의 인터뷰에서 그녀는 이렇게 말했다.

"속으로 혼잣말을 계속하면서 가라앉히려고 노력했어요."

그녀는 경기 중에 계속 혼잣말을 하면서 마인드 컨트롤을 하고 있었다. 그녀는 이제 이름만 대면 다 아는 유명한 선수가 되었다. 3년 전 그녀가 한 말 그대로 된 것이다. 나는 그녀의 인터뷰 기사를 보면서 그녀가 꿈을 이룰 수밖에 없는 이유를 알아냈다. 그녀는 자신을 믿었고, 힘든 상황일수록 더 자신에 대한 믿음을 말로 표현했다. 즉, 그녀는 자신이 해낼 것을 알았고, 결국 해냈다.

세계적인 회사 GE(제너럴 일렉트릭)의 회장이 된 잭 웰치(Jack Welch)는 자신의 저서인 《끝없는 도전과 용기》에서 어머니에 대해 이렇게 회상했다.

"어머니는 자신감을 키워주는 법에 대해서 완벽하게 알고 있었다."

어린 잭은 말을 더듬는 습관이 있었다. 그의 어머니는 그에게 이렇게 설명해 주었다.

"그건 네가 너무나 똑똑하기 때문이지. 누구의 혀도 네 똑똑한 머리를 따라갈 수는 없을 거야."

그는 수년 동안 자신이 말을 더듬는다는 것을 전혀 깨닫지 못했다고 한다. 어머니의 말을 전혀 의심하지 않았기 때문이다. 엄마의 칭찬과 믿음 덕분에 그는 세계적인 경영인이 될 수 있었다.

아이가 태어나기 전, 나는 태교를 제대로 해볼 작정이었다. 먼저 책을 사기 위해 중고서점에 들렀다. 거기서 나는 《태아는 천재다》라는 책을 보게 되었다. 저자 지스코 스세딕과 그녀의 남편은 여느 부모와 다름없는 평범한 사람이었다. 하지만 그들은 태교의 중요성을 알았고, 아기가 배 속에 있을 때부터 끊임없이 말을 걸었다고 한다. 그 결과 네 아이의 IQ는 모두 160 이상이었고, 심지어 한 아이는 생후 2주 후에 말을 시작했다고 한다. 나는 태교의 첫걸음은 바로 부모의 말이라는 것을 알았다. 그후에 나는 자주 아이에게 이렇게 말을 했다.

"응, 너는 천재잖아!"

사실 모든 아이는 천재의 가능성을 타고난다. 누군가가 봤으면 '유난스러운 엄마'라고 생각했을지도 모른다. 하지만 나는 정말로 아이가 한 단계 성장할 때마다 너무나 신기했다. 언젠가 아이는 문득 웃으며 이렇게 말했다.

"엄마, 나는 천재잖아요."

나는 내심 놀랐다. 이미 아이에게 내 말이 각인된 것이다. 하지만 아이가 긍정적인 말만 흡수하는 것은 아니었다. 부정적인 말도 각인이 된다.

"엄마, 나는 말썽꾸러기니까요."

아이는 내가 무심코 한 말을 그대로 기억하고 있었다. 나는 '말썽꾸러기'라는 단어를 고작 두세 번 정도 말했을 뿐이었다. 이처럼 몇 번 뱉지 않은 말조차 기억하는 아이를 보면서 나는 이렇게 결심했다. '아이의 잠재력을 확신하는 말을 해주자.'

나도 '말'이라는 것을 통해 변화할 수 있을까? 생각과 말의 힘을 느끼게 된 나는 이러한 의문이 들었다. 앞서 언급한 루이스 헤이는 이런 나의 질문에 관해 답해준 작가다. 그녀는 절대 순탄치 않은 삶에도 불구하고 많은 사람의 영적, 정신적 멘토가 되었다. 그녀의 삶을 바꾼 비결이 담긴 많은 책은 그녀의 사후에도 여전히 사랑받고 있다. 그녀가 불행했던 삶을 행복한 삶으로 역전시킬 수 있었던 비결은 무엇일까? 바로 말이었다. 그녀는 많은 책을 통해 '진정으로 내 삶을 치유하고 싶다면 생각과 말을 긍정적인 패턴으로 바꿔야 한다'고 역설한다.

'확언'의 사전적 의미는 '확실하게 하는 말'이다. 즉, 확신에 찬 말이다. '긍정 확언'이란 어떠한 상황이 닥쳐도 결국 모든 것은 잘 될 거라는 확신에 찬 말이다. 그녀는 자신의 책 《HAPPY NOW 지금 행복할 것!》에서 이렇게 말했다.

"지금의 삶에 대해 부정적으로 생각하진 않았나요? 이제껏 부정적으로 믿었겠지만, 그 생각은 진실이 아닙니다. 어릴 때 우리는 주변 사람들에게서 부정적인 이야기를 많이 들었습니다. 그리고 그것들이 다 진실인 줄 알았습니다. 이제는 좀 달라질 것입니다. 우리가 믿었던 생각들이 사실인지 살펴보고, 부정적인 생각을 계속 믿을지 아니면 놓아버릴지 결정하게 될 것입니다."

긍정 확언은 바로 우리의 삶을 내가 결정하겠다는 단호한 의지이다. 그리고 내 삶은 내 생각대로 된다는 믿음이다. 의지와 믿음을 가지고 말을 할 때 비로소 우리 삶도 변할 수 있다. 확언을 효과적으로 하기 위해서는 몇 가지 알아야 할 사항이 있다. 내 삶을 변하게 할 긍정 확언을 하는 세 가지 원칙은 다음과 같다.

첫째, 최소한 한 달 동안 꾸준히 해야 한다.

루이스 헤이는 긍정 확언을 최소한 한 달 동안 꾸준히 해야 한다고 한다. 사실 한 번 말로 하고 나서 종일 부정적인 생각을 하고 있으면 소용이 없다. 최소 한 달 동안은 매일 틈틈이 확언을 해야 한다. 물을 정화하려면 깨끗한 물을 계속 들이붓는 방법밖에 없다. 긍정 확언에 관한 영상을 보거나 내가 적은 긍정 확언을 곳곳에 붙여 놓는 방법도 좋다.

긍정 확언을 잠재의식에 새기기 가장 효과적일 때는 잠들기 직전과 잠에서 깬 직후라고 한다. 나는 아침에 일어나 잠에서 덜 깬 상태로 '나는 오늘도 행복하다'고 소리 내어 말한다. 확언을 한 하루와 그렇지 않은 하루는 완전히 다르다. 내가 할 수 있다고 믿고 싶다면 할 수 있을 때까지 말하면 된다. 그러한 믿음으로 최소 한 달 동안 꾸준히 확언을 해보자.

둘째, 부정어는 쓰지 말되, 시제는 언제나 현재형이다.

확언을 할 때는 내가 갖고 싶고, 되고 싶은 것에만 집중하는 것이 좋다. 예를 들어 '나는 가난하지 않았으면 좋겠어'가 아니라 '나는 부자가 되고 싶어'라고 말해야 한다. 가난을 언급하는 순간 우리는 가난을 강하게 떠올리고, 그것을 끌어당기는 셈이다. 그러니 내가 싫어하는 것이 아닌, 내가 정말 원하는 것을 생각하고 말해야 한다.

시제는 언제나 현재형이어야 한다. '나는 언젠가 행복해질 거야'가 아니라 '나는 지금 행복하다'로 바꿔야 한다. 언제나 힘은 지금에 있다. 과거도 미래도 아니다. 우리가 머물 수 있는 곳은 현재뿐이다. 그러니 확언도 지금에 초점을 맞춰야 한다. 바로 지금, 내가 원하는 게 된 것처럼 생각하고 믿는 것이 중요하다.

셋째, 진짜 내가 원하는 것만 말하고, 진심으로 믿어라.

머릿속에만 존재하는 꿈은 아무런 힘이 없다. 내가 원하는 꿈이라면 적고 말해야 현실로 나타난다. 단, 내 온몸이 기쁨으로 설레는 꿈이어야 진짜다. 이제껏 누군가가 말한 꿈을 대신 꿨다면 지금부터는 진짜 내 속마음이 원하는 꿈을 꿔야 한다. 나 또한 진짜 내가 가슴 떨리는 꿈을 생각했을 때 내 삶이 달라지기 시작했다.

먼저 나에게 성공의 의미는 무엇인지 생각해 보자. 나에게 '성공'은 '서로를 존중하는 화목한 가정', 그리고 '돈과 시간에 제약받지 않는 자유', '타인과 공동체를 도울 수 있는 삶', '세상과 나를 있는 그대로 사랑하는 풍요'를 말한다. 내가 바라는 성공을 정의하면 그 삶에 다가가

기만 하면 된다.

"오랫동안 꿈을 그리는 사람은 마침내 그 꿈을 닮아 간다."

앙드레 말로(André Malraux)의 말처럼 자신이 믿는 꿈대로 우리는 삶을 이루어간다.

내가 정의하는 확언은 스스로 삶을 개척하겠다는 '자기 확신'이고 '자기 사랑'이다. 남들이 심어준 판단과 편견을 뿌리 뽑고 진짜 나다운 나를 심는 일이다. 물론 쉽지만은 않다. 평생을 남들이 심어준 대로만 살아왔기 때문이다. 하지만 인생에서 가장 고귀한 일은 바로 나를 사랑하는 일이다. 이것만큼은 결코 포기하거나 미루지 말아야 한다. 우리는 누구나 꿈을 꾸고 행복해질 권리가 있다. 오늘 그 꿈을 배송해 줄 가장 강력한 무기는 바로 '긍정 확언'이다. 절대 잊지 말자. 지금 내가 나에게 하는 말이 나의 삶을 변화시킬 수 있다.

마음의 먼지를 털어내는 일기 쓰기

"나는 애교 DNA가 없는 것 같아."

내가 생각해도 나는 애정 표현에 서툴고, 애교도 없다. 이렇게 무뚝뚝한 여자가 다정한 남자를 만났다. 하지만 결혼과 동시에 자연스럽게 나는 육아에, 남편은 일에 자신의 열정을 쏟아 부었다. 육아는 일과 달리 바로 바로 성취감을 얻기란 어렵다. 아이를 키우는 일은 지난한 사랑과 희생의 과정이다. 게다가 아이만 보다 보면 자꾸만 세상과는 멀어져가는 느낌이다. 그러다 보니 자연스레 자존감은 떨어지기 마련이다.

결혼을 해서 엄마라는 자리에 안착하기까지 이런 모든 생각들을 나눌 유일한 상대는 바로 일기장이었다. 누군가가 보았더라면 분노의 타자질이라 했으리라. 맞다. 나는 아이를 재우고, 나와 식탁에 앉아 그야말로 분노의 타자질을 했다. 오늘 하루 힘들었던 내 마음을 터놓고 앞으로의 걱정을 상담하고, 내일 할 일까지 적고 나면 답답했던 내 마음이 조금은 숨통이 트였다. 막막하기만 했던 육아 터널을 하나하나 통과할 때 내게 빛이 되어 준 것은 책과 일기였다. 다음은 아이가 4개월 때쯤 쓴 나의 육아일기다.

2018년 6월 6일

오늘 육아 퇴근은 파인애플로 마무리 하려구! 엄마는 잠깐의 이 시간이 참 좋으면서도 자는 너를 보면 내일 또 만나고 싶어져! 물론 네가 깨어나면 엄만 힘들긴 해. 하지만 좋은 순간이 훨씬 더 많지. 엄마를 기쁘게 하는 시간이 더 많아! 육아가 힘든 것보다는 새로운 삶의 방식이 아직 낯선 것 같아. 엄마도 엄마가 처음이니까. (중략) 우리 서로 매일 보다 보면 무심해지고, 서로 상처를 줄 수도 있겠지만 그럴 때 기억하자. 우린 서로 사랑한다는 것을. 한순간도 사랑하지 않은 적이 없다는 것을! 사랑한다. 오늘도! 변함없이!

처음에는 아이를 위해 일기를 썼다. 하지만 쓰다 보니 정작 위로받고 치유받는 것은 나였다. 모두가 자는 밤에 혼자 앉아 일기를 쓰면 나도 모르게 눈물이 흐르곤 했다. 나는 그 시간을 사랑했다. 그 시간을 통해 얽히고설킨 내 감정의 실타래가 조금씩 풀리기 시작했기 때문이다. 때로는 가만히 지난날의 일기를 읽으면서 나를 칭찬하기도 했다. 내가 얼마나 최선을 다하고 애썼는지 나를 토닥여 줄 수도 있었다. 일기는 쓰고 읽는 것만으로도 나에게 큰 위안을 안겨 주었다.

미국 제44대 대통령인 버락 오바마(Barack Hussein Obama II)는 케냐 출신의 아버지와 유럽계 미국인 어머니 사이에서 태어났다. 아버지와 어머니는 오바마가 어릴 때 일찌감치 이혼했고, 그 이후 어머니가 낳은 이복형제들과 함께 자랐다. 교통사고를 당해 세상을 떠난 아버지를 오바마는 딱 한 번 만났다. 불우하다고 말할 수 있는 어린 시절을 보낸 그는 마약에 손댈 만큼 방황하기도 했다. 하지만 그는 잠깐의 방황을 끝내고 하버드 로스쿨에 입학해 변호사로서 입지를 굳히고, 아프리카계 미국인으로는 최초로 대통령으로 선출되었다. 오바마는 자신의 정체성에 대해 끊임없이 고민했다. 특히 어릴 때부터 글을 쓰는 습관을 통해 인생을 자세히 들여다볼 수 있었다고 한다. 그는 뉴욕타임스를 통해 다음과 같이 말했다.

"글쓰기는 내 인생의 대립되는 경향, 예를 들어 인종, 계급 등을 자세히 들여다볼 수 있게 해주는 도구였다. 그리고 글쓰기가 내 인생의 이 모든 조각을 하나로 통합하는 역할을 해주었다고 진심으로 믿는다."

나 또한 일기 쓰기를 통해 나의 정체성을 찾고, 내 인생의 의미를 발견하게 되었다. 그리고 엄마로서의 성장통을 기쁘게 받아들일 수 있게 되었다. 안네 프랑크(Anne Frank)는 독일 태생의 유대인 소녀로, 나치가 네덜란드를 지배한 시기에 쓴 일기로 유명하다. 그녀는 은신처에서 몰래 쓴 자신의 일기에서 이렇게 말했다.

"내가 책을 쓰거나 신문기사를 쓸 수는 없더라도, 언제라도 나 자신을 위한 글은 쓸 수 있다."

그렇다. 우리는 어떠한 상황에서도 나를 위한 글은 쓸 수 있다. 다음은 일기 쓰기가 나의 일상이 될 수 있었던 몇 가지 방법이다.

첫째, 길이에 구애받지 말자.

단 한 줄을 적어도 괜찮다. 나는 어떤 날은 한 시간 꼬박 일기를 쓰기도 하지만 어떤 날은 단 한 줄로 적을 때도 있다. 심지어 쓰다 만 일기도 있다. 하지만 모든 일기는 그것대로 의미가 있다. 그때 내 마음을 표현할 수만 있다면 그 어떤 방법도 괜찮다. 그림으로 표현해도 좋고, 물음표만 덩그러니 그려도 좋다. 처음에는 간단히 내 생각이나 중요한 사건들을 기록하는 것으로 시작해 보자. 잘 쓸 필요도, 길게 쓸 필요도 없다. 일기의 목적은 내 솔직한 마음을 적는 것이다. 일단 점 하나만 찍어 보자. 그러면 장담하건대 그후에는 펜이 저절로 움직일 것이다.

둘째, 나의 루틴이 되어야 한다.

나의 아빠는 밤에 텔레비전을 보시다가도 10시가 되면 일기장을 꺼낸다. 아빠의 지정 좌석인 소파 끝자리 옆에 항상 아빠의 노트가 있다. 아빠는 여행을 가서도 일기를 쓰신다. 일기 쓰기를 마쳐야 아빠는 잠자리로 들어가신다.

나는 주로 아침에 일기를 쓴다. 아침에 일어나 노트북을 켜고 일기장을 펴둔다. 그리고 생각나는 대로 적어 나간다. 지금은 아무 말 대잔치, 긍정 확언, 감사일기, 상상일기의 순으로 적는다. 그리고 오늘 꼭 해야 할 일들도 적는다. 다 적을 때도 있고, 몇 가지만 적을 때도 있다. 일기장을 일단 펼치면 쓰게 된다. 쓰다 보면 점차 나만의 일기 쓰는 루틴이 생기게 된다. 루틴이 되면 지속하기가 훨씬 쉽다. 일기 쓰기를 내 일상의 루틴으로 만들자.

셋째, 잘 쓰려고 하지 말자.

일기는 설명문도, 설득문도, 기행문도 아니다. 형식이나 내용에 구애받지 않는다. 어떤 결론을 낼 필요도 없다. 일기를 쓸 때는 수학 공식처럼 내 마음의 문제를 풀어내려고 하면 안 된다. 그저 일기를 쓸 때는 내 마음을 산책하듯 가볍게 거니는 게 좋다. 산책을 하면 시야가 넓어진다. 마음도 그렇게 거닐어야 마음을 잘 볼 수 있다. 결론은 내 마음을 읽는 것이다.

생각보다 일기를 어렵게 생각하는 사람이 많다. 일기를 쓸 때는 '아무도 보지 않는다'라고 믿어야 한다. 그렇게 믿으면 자유롭고 솔직하게 쓸 수가 있다. 만약에 누군가가 본다고 하더라도 뭐 어떤가. 나라는 사람을 알아가는 데 도움이 되리라 생각하자. 일기는 잘 쓸 필요가 없다. 남에게 멋진 글이 아니어도 괜찮다. 나에게만 진솔하면 된다.

넷째, 내가 편한 방법(디지털, 아날로그)을 선택하자.

에버노트, 모션 등의 어플리케이션들을 이용하면 보다 체계적으로 일기를 쓸 수가 있다. 디지털 일기장을 이용하면 아날로그 일기장이 가지지 못하는 장점을 누릴 수 있다. PC, 모바일 등에서 언제나 접속이 가능하기에 내가 원할 때 언제나 일기를 쓸 수가 있다. 모든 기록을 체계적으로 저장할 수도 있고, 원하는 정보를 찾기도 쉽다.

하지만 아날로그 일기장은 디지털 일기장이 줄 수 없는 특별한 맛이 있다. 섬세하게 나의 마음을 표현하기에는 손글씨가 좋다. 우울한 날에는 글씨도 티가 나기 마련이다. 나중에 읽어 보면 확실히 손으로 옮겨 쓴 것이 더 눈에 들어오기도 한다. 그래서 나는 디지털 일기장과 아날로그 일기장, 둘 다 사용한다. 노트북에 쓴 일기들은 나중에 인쇄해서 날짜별로 바인더에 보관하면 되니 걱정이 없다. 어떤 것이든 좋다. 나에게 맞는 방법을 찾아 보자. 일기 쓰는 시간이 두 배로 즐거워진다.

"글을 쓸 때는 모든 것을 내려놓아라. 당신의 내면을 표현하기 위해 단순한 단어들로 단순하게 시작하려고 노력하라."

전 세계에 글쓰기 붐을 일으킨 작가인 나탈리 골드버그(Natalie Goldberg)가 한 말이다.

모든 것을 내려놓아 보자. 단순하고 솔직하게 나의 내면을 표현해 보자. 잊지 말자. 한 줄이어도 괜찮다! 집을 매일 청소하듯, 마음도 매일 청소하자. 수북이 쌓인 마음속 먼지를 일기 쓰기로 말끔히 털어내 보자!

삶을 바꾸는 진짜 독서법

"어머, 서점이네. 우리 들어가 볼까?"

"웬일로 서점엘?"

출산 후 오랜만에 우리 부부는 아이와 함께 쇼핑몰로 외출을 했다. 쇼핑몰 안에 있는 서점을 발견하고 기뻐하는 내가 남편은 어색한 모양이다.

"왜 이래? 나 책 좋아해!"

그 사실을 증명이라도 하려는 듯 나는 서점으로 직행했다. 막상 서점에 들어선 나는 어떤 책을 골라 읽어야 할지 갈피를 못 잡고 있었다. 사실 책에서 손을 놓은 지 오래되었다. 남편의 말처럼 서점은 나에게 그다지 어울리는 곳이 아니었다. 그래도 큰소리치고 들어와서 곧장 나갈 수는 없었다.

  문득 내 눈에 한 권의 책이 들어왔다. 아이 둘을 키우는 평범한 엄마의 이야기였다. 처음에는 '이런 내용도 책이 되네?'라는 마음으로 읽었다. 하지만 책이라는 세계를 만나면서 삶이 달라지고 책까지 쓰게 된 그녀의 이야기에 점점 빠져들게 되었다. 깨알같이 적힌 그녀의 필사 노트, 덕지덕지 메모가 붙은 책 안이 찍힌 사진들도 있었다. 그 사진은 그녀가 얼마나 절실하게 책에 매달렸는지를 말해 주었다. 그녀의 남편은 그녀에게 '책 읽어서 얻을 것이 무어냐'고 핀잔을 주기도 했다고 한다. 하지만 그녀는 아랑곳하지 않았다. 그 빈정거림에 흔들리기에는 책이 너무 많은 것을 주었기 때문이다.

  한참 재미있게 읽고 있는데 남편이 나를 부르는 소리가 들렸다. 아이가 보채고 있었다. 나는 다시 현실로 돌아와서 아이에게 달려갔다. 그때 책의 제목조차 제대로 보지 못한 것이 아쉬움으로 남는다. 하지만 한 권의 책이 남긴 여운은 그 후에도 쉽게 가시지 않았다.

  우연히 케이블 채널에서 〈서민 갑부〉라는 프로그램을 보았다. 부자가 된 빵집 사장님의 이야기였다. '어머 저 사람 이름이 강호동이네?' 처음에는 이름이 유명 개그맨과 같아서 호기심에 보게 되었다. 그는 아주 어렸을 때부터 혈우병을 앓았다. 홀어머니는 김밥을 팔아 번 돈을 온통 아들의 치료비로 써야 했다. 가난하고 어린 그가 만날 수 있는 유일한 멘토는 책이었다. 그래서 그는 당시 많지 않은 월급에도

20만 원은 책을 사는 데 썼다고 한다. 그런 그가 지금까지 읽은 책은 3,000권이 넘는다. 성공한 후에도 책을 읽는 습관은 여전했다.

나는 그동안의 내 모습이 떠올랐다. 나는 바빠서 책을 읽기 어렵다고만 생각했다. 하지만 나보다 더 열악한 상황에서도 어떤 사람들은 책을 읽는다. 나는 지금부터라도 책을 읽는 사람이 되고 싶었다. 책을 통해 나도 삶을 변화시키고 싶었다. 엄마들에게 시간이 부족한 것은 명백한 사실이다. 하지만 책을 통해 얻는 지혜는 너무나 소중하다. 그것이 바로 바쁘더라도 책을 읽어야 하는 이유다. 율곡 이이는 "독서를 하는 데 있어 입으로만 읽고 마음으로 느끼지 아니하며, 몸으로 행하지 않으면 그 글은 다만 글자에 지나지 않는다"라고 말했다.

나는 독서를 통해 내 삶을 키우고 싶었다. 재미로 책을 읽는 것도 좋다. 하지만 이왕이면 독서를 통해 더 성장하고, 더 행복해지고 싶었다. 책을 손에서 오랫동안 놓았던 만큼 처음에는 책을 읽기가 쉽지 않았다. 독박육아라는 한계도 있었다. 하지만 지금 나는 일주일에 한 권 이상의 책을 꾸준히 읽고 있다. 내가 꾸준히 책을 읽음으로써 성장할 수 있었던 비결을 공유해 볼까 한다.

첫째, '나는 책을 읽지 않는 사람'이라는 편견을 버리자.

나는 주위에 스스로 '원래 책을 좋아하지 않는 사람'이라는 수식어를 붙이는 사람을 많이 보았다. 사실 나도 얼마 전까지만 해도 서점만 가면 머리가 아플 지경이었다. 하지만 이제는 서점만 가면 기분이 좋아지는 사람이 되었다. 그렇게 하기 위해서는 자신에 대한 편견부터 바꾸어야 한다. '나는 충분히 책을 좋아하는 사람이다'라고 생각하고 당당하게 책을 읽었다. 책은 나를 위해 읽는 것이다. 나를 위해 책을 읽는데, 이유가 필요한가? 내가 가진 나에 대한 편견이 바뀌면 다른 사람들도 자연스레 바뀐다. 책을 읽는 사람이 따로 있는 것은 아니다. 누구든 책을 읽고 좋아할 수 있다. 먼저 나에 대한 편견부터 바꾸자.

둘째, 내가 닮고 싶은 사람의 책을 추천 받자.

나는 주로 '감'이 오는 대로 책을 보는 편이었다. 그 결과 좋은 책을 발견할 때도 있지만 반대의 경우도 많았다. 그래서 믿을 만한 사람이 추천하는 책을 먼저 보기로 했다. 나는 김미경의 MKTV와 〈북 드라마〉에서 따끈따끈한 신간을 주로 추천 받는다. 유튜브 채널 〈우기 부기〉를 통해 동기부여에 관한 책을, 채널 〈스윗샌드〉와 〈어웨이크닝 TV〉를 통해 심리와 명상에 관한 책을 추천 받는다. 고전에 관련한 책은 네이버 카페 〈아레테 인문 아카데미〉를 통해 추천 받는다. 책을 접하는 경로는 다양하고 계속 변하기 마련이다.

어떤 책을 읽어야 할지 모르겠다면 먼저 내가 닮고 싶은 사람들이 읽는 책을 읽어 보자. 그러다 보면 나만의 안목이 생긴다. 나중에는 내가 누군가에게 책을 추천하는 사람이 되어 있을 것이다.

셋째, 보고 싶은 책은 되도록 구매하자.

　책이 비싸다고 생각하는 이유는 책이 그 값어치를 할지 확신이 안 서기 때문이다. 나도 그랬다. 서점에 자주 갔지만 내가 원하는 책을 구하는 일은 쉽지 않았다. 설사 빌린다고 해도 마시던 커피가 튈까 봐, 혹시라도 구겨질까 봐, 대출 날짜를 어길까 봐 너무나 조심스러웠다. 임성훈 작가는 그의 저서 《고전 읽기 독서법》에서 이렇게 말했다.
　"기본적으로는 책을 사는 것에는 돈을 아끼지 않겠다는 마음을 가지세요. 책을 많이 읽는다고 성공하는 것은 아닙니다. 하지만 성공한 사람 중에는 책을 많이 읽지 않은 사람은 거의 없습니다."
　책은 막 대할 수 있어야 한다. 밑줄 긋고 쓰고 지우고 접고 붙여야 한다. 그래야 내 책이 된다. 책이 내 삶에 적용이 되면 그 값어치는 돈으로 환산할 수 없다. 커피 한두 잔과는 비교도 안 된다. 그러니 읽고 싶었던 책이라면 되도록 사는 것을 추천한다. 값을 지불한 만큼 잘 읽고, 많이 배우면 된다.

넷째, 읽기만 하지 말고 음미하는 시간을 가지자.

　책을 읽다 보면 책의 한 구절이 내 마음을 요동치게 할 때가 있다. 그 순간을 놓치지 말자. 그럴 때는 잠깐 책을 덮고 그 구절을 음미해 보자. 그리고 다시 책을 펴 그 구절을 다시 알아볼 수 있게 표시하자. 그리고 그 밑에 내가 책을 덮고 음미했던 생각을 간단하게라도 적어 보자. 책은 이렇게 작가와 내 생각으로 새롭게 진화한다. 그때 나만의 책이 된다. 내가 알아볼 수 있게 페이지를 접을 수도 있고, 포스트잇을 사용할 수도 있다. 나는 내가 좋아하는 색연필로 밑줄을 긋고 난 후, 포스트잇에다 내 생각을 적어 둔다. 그리고 나중에 찾기 쉽게 접은 부분에 조그맣게 한 단어로 적어둔다. 만약 용기에 관한 내용이라면 '용기'라고 적어 둔다.

"책을 손에 대지 않은 채 책장에 올려 두는 사람은 책을 제대로 사랑하는 사람이 아니다. 밤낮으로 손에 들고, 그래서 때가 끼고 책장의 귀들이 접히고 손상되며 빽빽하게 주석을 달아 놓은 자만이 책을 제대로 사랑하는 사람이다."

에라스무스의 말처럼 좋은 책은 내 손때가 많이 묻은 책이다.

다섯째, 나누면 내 것이 된다.

신사임당은 새벽에 독서를 하고 난 후, 메모를 하고 아침에 집안 곳곳에 붙여 놓았다고 한다. 아이들이 깨서 엄마가 붙여 놓은 구절들을 볼 수 있게 하기 위해서였다. 그녀는 그렇게 함으로써 자신에게도 좋다는 것을 알았을 것이다. 책을 읽고 내가 느낀 부분을 나누면 독서는 더 풍요로워진다. 책의 내용을 더 잘 기억하게 되고, 나의 생각을 오래도록 간직할 수 있다.

나는 블로그와 유튜브를 통해 책을 리뷰하는 작업을 즐긴다. 그냥 내가 좋아서 하는 일이다. 책을 읽는 것과 요약하고 정리하는 일은 완전히 별개다. 책이 내 것이 되려면 독후록, 혹은 독후감을 남기는 것이 좋다. 더 좋은 방법은 다른 이들에게 나누어 주는 것이다. 블로그, 유튜브, SNS 등을 통해 책을 리뷰하려면 책의 내용을 더 곱씹을 수밖에 없다. 책의 내용을 나누면 진짜 내 것이 된다. 내가 꼭 기억하고 싶은 책의 구절들과 내 생각을 남들과 나누어 보자.

여섯째, 아이가 어릴 때는 듣는 것도 괜찮다.
아이가 어릴 때 책을 읽는 시간을 내는 것은 어렵다. 하지만 하루 20분 정도만이라도 책과 가까이 한다면 육아로 지친 내 몸과 마음을 보살피는 데 큰 도움이 된다. 나는 아이가 어릴 때, 오디오북과 유튜브를 적극 활용했다. 집안일을 할 때면 이어폰을 끼고 오디오북을 들었다. 이때는 그저 내가 끌리는 책을 읽는 것을 추천한다. 나는 이때 심리학에 관한 오디오북을 들으면서 폭풍 설거지를 했던 기억이 있다. 몸은 매여 있어도 잠깐 마음이 쉴 시간을 만들어 보자.

"우리가 읽어야 할 책이란, 읽기 전과 읽은 후 세상이 완전히 달라 보이는 책이다."

프리드리히 빌헬름 니체(Friedrich Wilhelm Nietzsche)의 말이다. 오늘 당신이 흙 속에 묻힌 진주를 발견하기를 바란다. 새벽의 고요한 시간에 내가 발견한 그 책을 읽으며 감동에 눈물을 흘릴 수 있다면, 내 삶은 변화하고 있는 것이다.

기억하자. 누구든 인생 책을 발견하면 인생이 바뀌는 경험을 할 수 있다. 이제는 책을 동경만 하지 말고, 내 삶을 바꾸는 진짜 독서를 해보자!

돈 안 드는 온라인 집 짓기

"선생님, 수업 계속해 주실 거죠? 이번에는 강의료도 드릴 수 있을 것 같아요."

"그럼요. 계속해야죠!"

엄마로만 산 지 3년 차, 나는 세상으로 나가고 싶었다. 마침 아파트 커뮤니티 센터에서 재능기부 해줄 사람을 구하고 있었다. 나는 주저하지 않고 지원했다. 6주 동안 수업에 몰두하면서 그동안 떨어졌던 자존감이 조금씩 회복되었다. 게다가 담당자는 이제부터 정식으로 수업을 해 달라고 부탁했다.

'와. 올해에는 무조건 다시 사회로 나갈 거야.' 하지만 그 누구도 예상치 못했던 코로나라는 공포가 전 세계를 덮쳤다. 영어동화 수업도 결국 취소되고 말았다. 집에는 다음 수업을 위해 잔뜩 산 영어 동화책이 쌓여 있었다. 그렇다고 그냥 시간을 보낼 수만은 없었다. 나는 인터넷을 떠올렸다. 육아하며 내가 가장 많이 의존한 대상이 바로 인터넷이었기 때문이다. 나는 아이가 아플 때 육아 블로그에서 대처법을 찾았고, 마음이 지칠 때는 유튜브 영상을 보며 힘을 얻었다. 그러고 보니 내가 알아야 할 거의 모든 것들이 인터넷에 있었다. 더욱이 코로나라는 상황으로 모든 것이 비대면, 온라인으로 대체되고 있었다. '나도 온라인이라는 세계에서 무언가를 할 순 없을까?'

"중요한 건 우리 눈 앞에 펼쳐지는 이 미지의 세상에서 뒤처지지 않고 빠르게 주체로 우뚝 서는 일이다. 삶의 모든 새로운 국면에서 우리는 변화에 빠르게 대처하고 주인공이 되지 않으면 안 된다."

소셜 미디어의 일인자인 게리 바이너 척(Gary Vaynerchuk)이 한 말이다. 그는 1999년 대학을 졸업하고 아버지가 운영하던 작은 와인 소매점에 취업했다. 그는 2005년까지 연 매출 300만 달러의 사업을 6,000만 달러 규모로 키워냈다. 그는 매일 유튜브에 와인 품평에 관한 개인 영상을 올리기 시작했다. 처음에 그는 영상에 대해 잘 몰랐다. 그리고 아무도 자신의 영상을 보지 않았다. 하지만 점점 구독자가 생겨나기 시작해 그는 현재 베스트셀러 작가이자 강연가로서의 삶을 살고 있다. 게다가 그가 만든 디지털 마케팅 기업은 연 매출 1억 달러 이상의 수익을 올리고 있다. 그는 자신의 성공 비결을 강연과 책을 통해 많은 사람에게 알려주고 있다. 그 비결은 바로 온라인 세상을 최대한 활용한 것이었다. 하지만 나는 인터넷으로 육아용품을 알아내고 맛집을 알아내는 것 외에 할 줄 아는 것이 없었다. 어린아이를 키우는 평범한 나도 온라인에서 무언가를 할 수 있을까?

유튜브 채널 〈소사장 소피아〉를 운영하는 박혜정 크리에이터는 두 아이의 엄마다. 전업맘으로 두 아이를 키우다가 유튜브를 시작한 그녀는 지금은 9만 명의 구독자를 보유하고 있다. 그리고 유튜브로 시작해 책을 내고 강연을 하고 굿즈를 판매하기도 하며, 월 평균 1,000만 원 이상의 수익을 내고 있다. 그녀는 자신의 책 《엄마는 오늘도 유튜브로 출근한다》에서 이렇게 말했다.

"'당신이니까 할 수 있는 거잖아'라고 생각한다면, 내가 올린 첫 영상을 보고 희망과 용기를 가지길 바란다. 부스스한 얼굴로 지루한 이야기를 늘어놓으며 빨래를 개키는 순간, 아이를 메고 설거지하는 모습을 올리면서 유튜브를 시작했다."

아이가 한창 어릴 때였다. 문화센터에서 친해진 엄마와 수업 후에 커피를 마셨다. 그 엄마는 육아하는 모습을 틈틈이 찍어 브이로그에 올린다고 했다. 나는 그녀에게 이렇게 말했다.

"브이로그? 그게 뭐예요? 그걸 누가 봐요?"

"나와 비슷한 엄마들이 보죠."

나는 그때만 해도 그게 무엇인지 몰랐고, 내 평범한 일상을 누군가가 볼 것이라는 생각조차 못했다. 하지만 게리 바이너 척은 이렇게 말했다.

"브이로깅은 만들어 내는 게 아니라 기록이다. 기록은 누구나 할 수 있다. 즉, 말 그대로 누구나 브이로깅을 할 수 있다."

내가 처음 촬영한 영상은 후줄근한 원피스를 입고, 종일 집안일을 하다가 아이를 데리러 가는 내용이었다. 나는 차마 그 지루한 영상을 올릴 수가 없었다. 하지만 그 영상을 촬영하며 나에 관해 깨달았다. 바로 내가 독서를 좋아한다는 사실이었다. 그 다음부터는 나는 내가 읽은 책에 관한 리뷰를 올리기 시작했다. 아마도 언젠가는 나의 첫 번째 영상도 올릴 날이 있을 것이다. 훗날 내 아이와 손주들이 재미있게 봐줄지도 모르니 말이다.

어떤 목적으로든 자신의 온라인 집을 한번 지어 보면 좋겠다. 완벽해야 한다는 어리석은 생각은 버리자. 완벽한 것이 아니라, 더 나다운 것을 찾자. 우리가 끌리는 사람은 완벽한 사람이 아니다. 오히려 나와 같이 불완전한 사람들의 모습이다. 나의 모습을 보며 나는 새로운 나를 발견했다. 그리고 내가 좋아하는 일들에 몰두하며 우울했던 마음도 치유할 수 있었다. 게다가 온라인에 집을 짓는 데는 돈도 거의 들지 않는다.

수동적으로 인터넷을 소비하는 것에만 익숙했던 내가 적극적으로 인터넷을 활용하기까지 많은 도움을 준 네 가지 원칙을 추려 보았다.

첫째, 의도는 투명해야 한다.

돈을 벌기 위해, 그저 유명해지기 위해 하는 SNS는 오래가지 못한다. 우리가 인터넷에서 바라는 것은 현실 생활과 다르지 않다. 누구든 진실한 마음을 지니고 제대로 된 소통을 할 줄 아는 사람과 만나고 싶어 한다.

"동기가 순수하지 않으면 무엇을 한다 해도 만족스러운 결과를 얻을 수 없다. 우리가 먼저 해야 할 일은 순수한 동기를 일으키는 것이다."

달라이 라마의 말은 인터넷 세상에서도 통한다. 돈을 버는 것은 좋지만 돈만이 목적이 되어서는 안 된다. 맑은 물에 물고기가 모이는 것처럼 온라인에서도 의도가 투명해야 사람들이 모인다. 보이지 않는다고 숨길 수 있는 것이 아니다. 보이지 않기에 더 투명해야 한다.

둘째, 그릿은 언제나 필요하다.

얼마 전 촬영 장비들이 중고거래에 쏟아져 나왔다고 보도된 적이 있다. 많은 사람이 유튜브를 시작하려고 샀다가 노력 대비 성과가 없자 장비들을 팔아치운다는 내용이었다. 누군가가 볼만한 영상을 만드는 일은 꽤 고생스러운 일이다. 나도 아이 등원하고 하원할 때까지 여섯 시간을 꼬박 작업에만 매달린 적도 있다. 하지만 그 결과는 참담했다. '아무도 봐주지 않을 건데 왜 이렇게 고생을 해야 할까?'라는 생각도 들었다. 하지만 게리 바이너 척은 이렇게 말했다.

"겨우 10회 정도 에피소드를 올려놓고 조회 수가 너무 적다거나 청중에게 무시당했다는 이유로 채널을 내려 버리는 우를 범하지 말자."

어떠한 콘텐츠도 처음부터 완벽할 필요는 없다. 하지만 완벽하지는 않아도 꾸준할 필요는 있다. 힘들면 조금 쉬어 가자. 언제나 필요한 것은 '그릿(열정과 끈기)'이다.

셋째, 실행한다면 무명은 유명이 될 수 있다.

최근에 인기리에 방영되었던 〈싱어게인〉은 무명 가수를 세상에 알리는 오디션 프로그램이다. 수많은 무명 가수가 처음에는 자신의 이름이 아닌 번호로 불린다. 하지만 그들은 오디션이 거듭될 때마다 조금씩 자신을 알리고, 나중에는 자신의 숨겨진 이름을 세상에 알린다. 무명에서 유명으로 거듭난 것이다. 이 프로그램의 최종 우승자인 이승윤은 웹툰의 한 대사에 이끌려 유명 가수가 되기로 마음을 먹었다고 한다. 그 대사는 바로 다음과 같다.

"그래도 약간의 성과는 필요해. 그게 나를 사랑할 최소한의 조건이야."

어쩌면 무명에서 유명해지는 것은 한 끗 차이인지 모른다. 바로 마음을 바꿔먹는 것이다. 무명이든 유명이든 내가 바라는 삶이 무엇인지 제대로 아는 것이 중요하다. 우선 나에게 솔직해지자. 그리고 내 삶을 위해 최선의 노력을 다해 보자.

넷째, 나의 이야기를 할 때 가장 행복하다.

앞부분에서도 언급한 긍정심리학 연구자인 에밀리 에스파하니 스미스(Emily Esfahani Smith)는 그녀의 ted 강의 〈삶에는 행복보다 중요한 게 있습니다〉에서 이렇게 말했다.

"일상에서 이야기를 만들어 내면 삶을 명확히 바라볼 수 있습니다. 현재의 자신이 어떻게 형성되었는지 이해하게 되지요."

그녀는 누구나 자신의 이야기를 수정하고 해석하고 재구성할 수 있다고 말한다. 그러니 어떤 내용을 올려야 할지 모르겠다면 가장 먼저 나의 이야기로 시작해 보면 어떨까? 세상에 같은 스토리는 없다. 가장 나다운 것이 가장 매력적이다. 내 일상을 잘 살펴보면 남과 다른 한 가지를 발견하게 될 것이다. 그렇게 차근차근 나만의 이야기를 만들다 보면 내 일상을 재발견하게 된다. 나아가 앞으로의 삶도 새롭게 창작할 수 있다.

나는 온라인 세상을 통해 오히려 더 깊이 있게 소통할 수 있었다. 그리고 세상으로 나가지 않았어도 집 안에서 공감과 이해, 인정을 얻을 수 있었다. 엄마들에게 온라인이라는 세상은 내 마음을 돌보고 나를 성장시킬 수 있는 소중한 집이 될 수 있다. 완벽주의와 조급함, 이 두 가지만 버린다면 우리는 온라인이라는 더 큰 세상을 통해 숨겨진 나의 잠재력을 발견할 수 있다.

자, 우선 내가 짓고 싶은 집의 설계도를 그리고 나의 콘텐츠로 채워 보자. 온라인 집은 공짜다. 하지만 내 마음을 풍요롭게 하는 소중한 것들을 얻을 수 있다는 사실을 잊지 말자.

나를 숨쉬게 하는 동네 한 바퀴 산책

"몸이 왜 이래요?"

"네?"

"기가 약해서 침을 놓기도 힘들 것 같아요."

출산 후 처음으로 한의원에 갔을 때였다. 아이를 출산한 지 백일이 지나자 살이 급격히 빠지기 시작했다. 머리카락은 징그럽게 빠져대지, 아무리 먹어도 체중계 숫자는 자꾸 줄어들지, 몸에 이상이 있는 것은 아닌지 걱정이 되기 시작했다. 살이 빠졌다고 좋아할 일이 아니었다. 오히려 거울을 보면 한숨부터 나왔다. 근육이라고는 찾아볼 수 없는 팔과 다리에 혼자 잘난 채 튀어나온 배 때문에 ET가 친구 하자고 할 판국이었다. 게다가 좀처럼 자랄 생각이 없는 잔디 같은 앞머리, 깊게 팬 입가의 팔자 주름, 햇빛을 볼 시간도 없는데 자꾸만 늘어가는 기미까지……. 거울 기피증이 생길 정도였다. 이런 나를 걱정하는 사람들은 모두 한목소리로 말했다.

"네가 체력이 부족해서 그래. 많이 먹고 운동을 해!"

나도 운동이 필요하다는 사실을 잘 안다. 하지만 운동을 대체 언제 하라는 말인가? 10분 더 잘 시간도 모자란 데 말이다. 게다가 나의 운동량은 출산 전보다 출산 후가 월등히 많았다. 아이 업고 설거지하기, 유모차 들고 계단 위로 나르기, 자다가도 몇 번씩 일어나 아이 기저귀 갈아주기 등. 하지만 이러한 노동은 그저 체력을 고갈시키고, 허리에 무리만 갈 뿐이었다.

"아무리 바빠도 혼자 산책할 시간은 만드는 게 좋아요."

한의원에서 침도 맞지 못한 채 돌아오며, 나는 산책을 하겠노라 굳게 다짐했다.

"나 좀 나갔다 올게."

"어디?"

"운동하러. 아니 산책하러."

저녁식사를 마치자마자 나는 곧장 신발을 신었다. 아직 어린아이를 아빠와 단둘이 남겨 놓으려니 마음이 불편했다. 하지만 나는 마음을 굳게 먹었다. '그래, 둘만의 시간도 있어야지.' 혼자 걷는 것은 참 오랜만이었다. 거리에는 도통 볼 수 없었던 풍경이 나를 기다리고 있었다. 먹을거리를 잔뜩 사 들고 퇴근하는 사람들, 손을 잡고 다정하게 산책하는 연인, 공부를 마치고 돌아오는 아이, 모퉁이 편의점 앞에 앉아 맥주를 마시며 이야기를 나누는 사람들. 언제부터인가 내 일상에서 사라진 장면들이었다. 나도 이들처럼 밖에 있을 때는 미처 몰랐다. 집 안에서 엄마들은 매일같이 밥을 짓고, 청소를 하고, 아이들을 재우고, 또 일어나 밥을 준비하는 일상을 살고 있다는 것을 말이다. 아니, 알면서도 너무나 당연하게 받아들였던 것인지 모른다.

"엄마, 엄마는 좀 걸어야 해."
"엄마는 집에서 온종일 움직여."
"에이, 그게 운동이야? 밖에서 스트레스 해소되는 운동을 해야지."

결혼 전에 나는 엄마에게 운동하라는 잔소리를 하곤 했다. 그러면 엄마는 저녁 느지막이 쓰레기를 버리러 나가는 김에 동네 한 바퀴를 걷곤 하셨다. 나는 그런 엄마가 답답하기만 했다. 그런데 정작 내가 엄마가 되고 나니 알았다. 엄마는 혼자 걷는 시간이 오랫동안 없었다. 집에서 하는 육아와 살림이 운동인 줄만 알고 살아온 세월이 너무도 길었다. 아무리 집안일을 많이 한다고 해도 산책이 주는 효과를 가져다 줄 수는 없다. 다음은 다양한 연구에 의해 밝혀진 산책의 효과다.

첫째, 몸의 맵시가 살아나고 건강해진다.

테네시 주립대학교의 연구에 따르면 매일 산책하는 여성이 그렇지 않은 여성보다 지방이 적다고 결론지었다. 또한 산책으로 인해 삶의 질이 향상했으며, 몸의 독소가 제거된다고 한다.

둘째, 스트레스가 해소된다.

캘리포니아 주립대학의 연구에 따르면 산책은 세로토닌 분비뿐만 아니라, 엔도르핀까지 분비한다. 행복을 유발하는 물질 두 가지를 합쳤을 때 기분이 좋아지는 가장 이상적인 방법이 된다.

셋째, 오래 살게 해준다.

미시간 약학대학에서는 산책이 죽을 확률을 35%까지 낮출 수 있다고 밝혔다.

나 또한 현재 산책을 통해 몸과 마음의 건강을 되찾고 있다. 허리의 통증도 많이 줄었고, ET 부러울 것 없는 뱃살도 조금씩 들어가고 있다. 무엇보다 산책하고 나면 기분이 좋아지고 머리가 맑아졌다. 그래서 나는 산책하는 시간을 사랑한다. 다음은 산책이 1.5배 더 행복해지는 소소한 팁이다.

첫째, 자연만큼 좋은 치료제는 없다.

내가 사는 집에는 운이 좋게도 강이 가까이 있다. 나는 아름다운 강가의 물줄기를 보면서 마음의 허물을 씻었다. 그리고 강물에 떠 있는 오리들을 보면서 마음의 평화를 느꼈다. 강물이 햇빛에 반사된 모습을 보면서 감동했다. 자연에서만큼은 더없이 겸손해지고 편안해졌다.

스트레스(stress)란 라틴어인 stringer(팽팽하게 죄다)에서 유래되었다. 온종일 본인을 팽팽하게 죄었다면 산책을 하면서 그 팽팽함을 펴 주어야 한다. 나는 stress의 반대말은 nature라고 생각한다. 나무, 꽃, 바람, 하늘 등 있는 그대로의 '자연'은 우리의 팽팽함을 펴 줄 공짜 치료제이다. 그래서 우리는 흙을 밟고, 하늘을 보고, 비를 맞아야 한다.

"내가 진정 아끼는 만병통치약은 희석하지 않은 순수한 아침 공기 한 모금이다."

월든의 숲에서 작은 오두막을 짓고 살았던 철학자, 핸리 데이비드 소로(Henry David Thoreau)의 말처럼 자연만큼 위대한 치료제는 없다.

둘째, 아침 햇살이 최고의 영양제다.

연구에 따르면 햇볕을 쬐면 세로토닌을 활발히 분비시켜 우울증이나 무기력함 예방에 도움이 된다. 또한 뼈와 면역체계, 뇌 건강 유지에 필요한 비타민 D를 흡수할 수 있다.

엄마에게 아침이 좋은 것은 가장 자유로울 수 있는 시간이기 때문이다. 나는 아이가 어린이집에 가는 시간에 맞춰 산책하고 돌아온다. 약속이 생기거나 급한 일들을 처리해야 할지도 모르는 오후보다는 한가함이 보장되는 아침 시간을 이용해 보자. 아침의 햇볕을 쬐며 산책하는 시간은 오늘 하루의 영양제가 될 것이다.

셋째, 답을 구하고 싶으면 산책을 하자.

베토벤은 점심식사 후 늘 악보와 연필을 챙겨서 한 시간 이상의 산책을 했다. 찰스 디킨스는 글이 막힐 때면 항상 산책을 나섰다. 그는 '만약 내가 산책을 하지 못했다면 내 머리는 폭발해 버리고 나는 소멸했을 것'이라고 말하기도 했다. 스티브 잡스, 하워드 슐츠, 토리버치 등 수많은 CEO들도 생각이 필요할 때면 습관적으로 산책을 나섰다.

나도 걸으면서 복잡한 생각들이 정리되고, 중요한 질문에 대한 답을 구할 수가 있었다. 내가 진짜 원하는 것을 알아내기도 했고, 내가 무엇 때문에 마음이 답답한지 그 원인을 찾을 수도 있었다.

"진정으로 위대한 모든 생각은 걷기로부터 나온다."

니체의 말이다. 내가 그들처럼 위대한 생각은 할 수 없을지도 모른다. 하지만 오늘 내가 하는 고민에 대한 해결책만큼은 얻을 수가 있다. 아마도 산책만큼 뚜렷한 답을 주는 시간은 없을 것이다.

집 안에서 아이와 충분히 씨름한 당신, 오늘 당신에게 줄 선물은 무엇인가? 나는 자신에게 산책이라는 시간을 선물했으면 좋겠다. 종일 집에 있어야 하는 엄마라면 더더욱 자연에서 하는 산책이 필요하다. 가족들의 계획표에 맞춰 살아가는 엄마의 하루에도 느슨하게 쉬어가는 시간이 주어져야만 한다. 그 시간 동안 자연 속에서 걸어 본다면 몸은 건강해지고 마음은 정화될 것이다.

건강한 몸과 맑은 정신을 얻고 싶다면 산책을 나서 보자. 집 앞에 있는 작은 강을 따라, 혹은 언덕을 따라 계절의 변화를 느껴 보자. 한 시간의 동네 산책이 엄마의 막힌 마음을 뻥 하고 뚫어 줄 것이다.

진짜 좋아하는 일에 몰입하기

"나는 한때 배우가 되기를 간절히 꿈꾸었다."

배우가 되는 것이 꿈이었던 한 청년이 있었다. 그리고 그는 뛰어난 배우가 될 기가 막힌 방법도 알고 있었다. 그것은 유명한 배우들의 장점을 모두 따라하는 것이었다. 하지만 그는 곧 그것이 얼마나 터무니없는 생각이었는지를 깨달았다.

"나 자신이 되어야만 하며 다른 누구도 될 수 없다는 사실을 우둔한 미주리 촌놈의 머리로 깨닫기 전까지, 나는 다른 사람들을 흉내 내면서 긴 시간을 허비했다."

하지만 그는 실수를 반복하고 있었다. 그는 책을 집필하기 위해 뛰어난 작가의 생각을 빌려와 담으려고 했다. 그는 마침내 자신의 실수를 깨닫고, 1년 동안 작업한 원고를 쓰레기통에 던져 버렸다. 그리고 다시 쓰기 시작했다.

"단점과 능력의 한계가 있긴 하지만, 그럼에도 너는 데일 카네기여야만 해. 절대 다른 누군가가 될 수 없어."

그렇다. 그는 일찍이 자기계발 분야의 기념비적인 업적을 남긴 미국의 작가이자 강사인 데일 카네기(Dale Breckenridge Carnegie)다. 결국 자신이 가장 잘할 수 있는 일을 찾아냈고, 그답게 해냈다. 그리고 그의 저서 《카네기 인간관계론(How to Win Friends and Influence People)》은 전 세계에서 6천만 부가 판매되는 경이적인 기록을 세웠다.

'내가 좋아하는 일을 해야 할까? 아니면 내가 잘하고 싶은 일을 해야 할까?' 나는 오랫동안 이 두 갈림길에서 선뜻 결정을 내릴 수 없었다. 나는 이 질문에 관한 쓰라린 경험도 많다. 우선 나는 내 적성이 무엇인지 몰랐다. 그래서 대학생 시절, 수많은 대학의 다양한 학과 편입에 도전하기도 했다. 하지만 모두 실패했다. 1차 시험은 늘 높은 성적으로 통과했다. 하지만 번번히 2차 면접에서 떨어졌다. 시험에 낙방한 후 나는 생각했다. 시험에 떨어진 이유는 2차 면접을 제대로 준비하지 않았기 때문이라고 말이다. 하지만 그것은 진짜 원인이 아니었다. 내가 시험에 줄곧 떨어진 이유는 따로 있었다. 사실 나는 내가 도전했던 학과를 진정으로 열망하지 않았던 것이다. 내가 정말 좋아하는 학과였다면 면접 때 교수님들이 던진 질문에 얼굴이 빨개질 정도로 당황하는 일은 적었으리라.

 좋아하는 일은 어떤 일일까? 그것은 누가 시키지 않아도 매일 하는 일이다. 데일 카네기도 자신이 진짜 좋아하는 일을 찾기까지 오랜 실패의 경험들이 있었다. 자신이 정말 매료된 일은 매일 하게 된다. 그러다 보면 그 일을 잘하게 된다. 그러니 지금 나에게 좋아하는 일을 해야 할지, 앞으로 잘하고 싶은 일을 해야 할지 묻는다면 답은 너무나 간단하다. 좋아하는 일을 해야 한다. 그래야 잘할 수도 있다. 그렇지 않으면 아주 오랫동안 먼 길을 돌아가야만 한다. 사실 좋아하는 일은 잘하기 쉽다. 그러니 내가 잘하는 일은 이미 내가 좋아하고 있다는 뜻이다. 하지만 안타깝게도 많은 사람이 이 사실을 모른다.

 나도 엄마가 되기까지 내가 진짜 좋아하는 것이 무엇인지도 모른 채 살아왔다. 하지만 더 늦기 전에 내가 좋아하는 것을 찾고 싶었다. 왜냐하면 그것이 행복과 깊이 연결되어 있다는 것을 알았기 때문이다. 과연 내가 좋아하고 잘하는 일은 무엇일까? 그 답을 찾기 위한 몇 가지 질문을 스스로에게 던져 보기로 하자.

첫째, 가장 절박할 때 내게 살아갈 힘을 주는 것은 무엇인가?
"여기는 예약석입니다."
 영국의 작은 카페, 주인이 지금 막 들어온 손님에게 이렇게 말했다.

사실 그 자리는 예약석이 아니었다. 그저 매일 와서 에스프레소 한 잔을 시켜 놓고 글을 쓰는 한 손님이 있을 뿐이었다. 그녀는 이혼 후 어린 딸을 생활 보조금에 의지해 키우며 생활할 만큼 가난했다. 하지만 생활고에 시달리면서도 카페에서 글을 쓰는 일을 하루도 멈추지 않았다. 절박한 상황에서도 그녀의 한 줄기 희망은 바로 글을 쓰는 시간이었다. 그녀는 바로 성경 다음으로 세계에서 가장 많이 팔린 《해리포터》 시리즈의 저자, 조앤 롤링(Joan K. Rowling)이다. 수중에 있는 돈을 탈탈 털어 커피 한 잔을 시켜놓은 채 글을 써 내려가는 그녀, 그녀라고 왜 근심이 없었을까. 하지만 그녀가 온갖 상상을 하며 글을 쓰는 순간만큼은 달랐다. 모든 근심은 마법처럼 사라졌다. 그녀는 소설을 쓰는 시간을 가장 사랑했기 때문이다.

막막하고 절박한 순간에도 나를 숨쉬게 해주는 일이 있다. 고통 속에서도 내 심장을 뛰게 하는 일, 그 일을 떠올려 보자. 바로 그 일이 내가 가장 잘하고 좋아하는 일이다.

둘째, 지금 하는 일은 내 꿈인가?

"누군가는 운이 좋았다고 말한다. 나도 그런 줄 알았다. 하지만 찬찬히 생각해 보니 단지 운 때문만은 아니었다."

김혜송 대표는 홈 스타일 및 리빙 브랜드의 대표다. 그녀는 결혼 전 10년 넘게 인테리어 회사에서 일하며 '공간 기획'의 꿈을 키웠다. 그리고 결혼과 출산 후 그녀가 꿈꿨던 창업을 시작했다. 그리고 창업 1년 만에 10배의 매출을 올렸다. 그 성공의 비결은 무엇일까?

"나는 지금 하는 일이 좋다."

그녀는 아이가 없는 시간에 최대한 집중하며 1분 1초도 허투루 쓰지 않았다. 아이가 잠든 밤에는 3~4시간씩 더 일하곤 했다. 왜냐고? 그 일은 그녀가 정말로 좋아하는 일이었기 때문이다.

"지금처럼 항상 노력하고 하루하루 행복하고 즐겁게 일하는 내가 되고 싶다."

그녀의 꿈은 더 큰 기업이 아니다. 대신 좋아하는 일에 몰두하며 행복하게 사는 것이다. 이처럼 내가 좋아하는 일은 결코 내 꿈에서 벗어나는 법이 없다. 지금 하는 일이 내 꿈인가? 나는 이 일에서 행복을 느끼는가? 만약 그렇다면 바로 그 일이 내가 몰두해야 할 그 일이다.

셋째, 썩은 무라도 찔러볼 용기가 있는가?

임용시험이 며칠 남지 않은 어느 날, 나는 청천벽력 같은 소식을 들었다. 논문 심사에서 통과하지 못했다는 것이었다. 나는 결국 교사 자격도 얻지 못했고, 오랫동안 준비했던 임용고시를 볼 자격도 얻지 못했다. 직장까지 관두고, 벌어둔 돈과 2년이라는 시간, 나의 노력 모두를 통째로 날려버린 셈이었다. 나는 졸업하지 못할 수도 있다는 불길한 예감에 시달렸다. 그런 내게 엄마는 이렇게 말씀하셨다.

"이왕 시작했으니 썩은 무라도 잘라 봐! 네가 하고 싶은 일이었잖아."

이상하게 그 '썩은 무'라는 말이 가슴에 남았다. '그래, 통과하든 못하든 가야 할 길은 끝까지 가 보자.' 그렇게 마음을 먹으니 불안감과 패배감이 줄어들었다. 그리고 나는 다시 방 안에 틀어 박혀 논문을 고쳐 쓰기 시작했다. 새벽 12시까지 논문을 쓰다 잠깐 눈을 붙이고, 새벽 4시가 되면 다시 일어나기를 반복했다. 결국 나는 무사히 졸업할 수 있었다. 그것은 내가 원하는 일이었기 때문이다. 이 세상이 나를 가로막는 것 같은 생각이 들 때 이 질문을 던져 봐야 한다.

"이것이 네가 진짜 원하는 일인가?"

그렇다면 우리는 썩은 무라도 잘라 봐야 한다. 결론은 그후에 내려도 늦지 않다.

내가 글을 쓰는 동안 예상치 못한 일이 종종 생기곤 했다. 아이가 아플 때도 있었고, 내가 아플 때도 있었다. 때로는 포기하고 싶을 때도 있었다. 하지만 그럴 때마다 나는 내가 논문을 쓰던 그 새벽의 날들을 떠올렸다. 사실 내가 진정으로 행복했던 때는 논문 통과 소식을 들었을 때가 아니었다. 오히려 시간 가는 줄 모르고 몰입했을 때였다.

'썩은 무라도 자를 정도로 나는 이 일을 해야만 하는가?' 그렇다면 우리는 그 일에 몰입할 수 있다. 그리고 그 몰입을 통해 다시 자신감을 얻기도 한다. 그래서 나는 오늘도 시간을 내서 내가 좋아하는 일에 몰입한다.

아는 것은 좋아하는 것만 못하고(知之者不如好之者),
좋아하는 것은 즐기는 것만 못하다(好之者不如樂之者)!

멀고 먼 옛날, 공자는 이미 몰입의 즐거움에 대해 말했다. 어떤 일에 흠뻑 빠져 시간 가는 줄도 모르는 날들이 얼마나 있는가? 바로 그런 날들이 내 삶을 영글게 한다. 내가 좋아하는 일을 찾지 못했다고 실망하지는 말자. 우리는 대부분 그것을 깨닫지 못했을 뿐, 내가 좋아하는 일을 이미 하고 있다. 단지 조금 더 찾아가고, 조금 더 몰입하면 된다. 내가 진짜 좋아하는 일에 한번 미쳐 보는 일은 얼마나 멋진가? 잊지 말아야 할 것은 그렇게 멋진 사람이 바로 '나'라는 것이다!

마음챙김을 위한 엄마의 시간 다이어트

"한 것도 없는데 왜 이렇게 시간이 빠르게 가는 거지?"

올해 새로운 달력을 꺼낸 게 엊그제 같은데 벌써 12월을 넘어서고 있었다.

"꽃다운 스무네 살에 결혼해 아이들 다 키우고 나니 어느새 70대 할머니가 되고 말았다."

'엄마가 늘 하던 이야기가 바로 앞으로 닥칠 나의 이야기라니…….' 어느새 나도 가는 세월을 야속해 하는 처지가 되었다. '이렇게 살다 보면 어느새 내 젊음은 사라지고 꼬부랑 할머니가 되어 있는 것은 아닐까?' 주변의 친구들도 입을 모아 비슷한 이야기들을 했다. 엄마들은 시간이 두 배로 빠르게 지나간다. 아이들 돌보랴, 집안 대소사 챙기랴, 아이들 교육시키랴, 어쩔 수가 없다. 하지만 매일 밤 '이건 왠지 아닌 것 같다'는 허전함이 나의 발목을 붙잡는다면 한번 생각해 보아야 한다. 하루 종일 눈코 뜰 새 없이 바빠도 잠들기 전 뭔가가 허전하다면 나의 시간을 펼쳐서 살펴보아야 한다. 나는 왜 이렇게 바쁘기만 한 걸까? 앞으로도 이렇게 바쁘게만 살기를 원하는가? 아이 다 키우고 나니 할머니가 되었다는 이야기는 남 이야기가 아니다. 바로 나의 이야기다.

다이어트의 진짜 의미는 '식이요법' 또는 '식단'이다. 바빠도 허전하지 않은 삶을 위해서는 내 하루를 채우는 시간이라는 식단을 새롭게 짜야 한다. 영양가 있는 식단을 위해서는 그렇지 않은 식단을 과감하게 버려야 한다. 엄마의 시간 다이어트, 어떻게 하면 좋을까? 일상에서 실천할 수 있는 시간 다이어트법을 소개한다.

첫째, 자투리 시간을 이용하자.

엄마가 되면 나의 하루는 아이를 중심으로 흘러간다. 피할 수 없는 사실이다. 거기다 어제처럼 오늘도 같을 거라는 예상을 할 수 없다. 갑자기 아플 수도 있고, 집안 곳곳에서 사고를 칠 수도 있는 예측불가한 존재다. 하지만 그런 존재를 키우는 엄마에게도 아주 잠깐의 여유는 생기기 마련이다. 그 자투리 시간은 점점 늘어난다. 그리고 조금씩 예측 가능해진다. 그래서 짧게 주어진 자투리 시간을 잘 활용하는 습관을 미리 다져 놓으면 좋다. 아이를 돌보면서도 내 시간을 보냈다는 만족감도 느낄 수 있다.

단, 오해하지 말자. 자투리 시간까지 열심히 살아야 한다는 의미는 절대 아니다. 그 반대다. 열심히 사는 것과 잘 사는 것은 다르다. 나만의 시간에는 고갈된 마음에 영양제를 맞는 시간이다. 나에게 맞는 영양제는 무엇일까? 생각나지 않아도 좋다. 지금부터 자투리 시간에는 잊고 있었던 나에게 질문을 던져 보자.

둘째, 매일 아침 해야 할 4가지 일을 정하자.

아침 일기를 쓰다 보면 자연스레 오늘 해야 할 일들이 떠오른다. 그러면 일기를 쓰다 말고 할 일들을 적어 둔다. 하지만 일기장을 덮고 나면 대부분 잊어버리고 만다. 그래서 나는 세워둘 수 있는 큰 달력을 사서 일기장에 적은 할 일들을 옮겨 적었다. 1분도 걸리지 않는 일을 통해 내가 하고 싶었던 일들을 놓치지 않을 수 있었다.

나는 대개 네 개의 할 일을 적는다. 내게 그보다 많은 가짓수는 벅차다. 주로 내가 꼭 하고 싶은 일 두 가지(주로 글쓰기나 독서, 블로그), 집안일이나 아이와 관련한 일 두 가지(매일 매일 비슷한 듯해도 다른 일)다. 다음 날에는 전날 하지 못한 일을 포함한 네 가지를 적는다. 매일 이 일을 반복하면 며칠 안에는 내가 계획한 일을 대부분 끝낼 수 있다. 우리는 로봇이 아닌 사람이다. 게다가 돌발상황이 늘 발생하는 엄마다. 그러니 오늘 못했다고 자신에게 실망하지 않아도 된다. 여하튼 달력을 잃어버리지만 않는다면 며칠 안에 내가 계획했던 그 일들을 끝낼 수 있다.

셋째, 하기 싫고 빨리 끝나는 일부터 하자.
"방법은 하나야. 진짜 하기 싫은 일부터 지금 당장 해."
하기 싫은 일을 가지고 질질 끌던 습성이 있던 나에게 같은 회사의 선배가 한 말이다. 나는 그후 정말 하기 싫어도 꼭 해야 할 일이면 눈 딱 감고 빨리 해치워야 한다는 것을 알았다. 그 일은 집안일도 마찬가지였다. 가령 내가 오늘 하고 싶은 일이 많더라도 자동차세 납부기한이 오늘까지라면 그것부터 당장 처리해야 한다. 진짜 하기 싫지만 오늘이 재활용 쓰레기 수거일이라면 그 일부터 해야 한다. 그래야 홀가분한 마음으로 내가 할 일에 매진할 수 있기 때문이다. 오늘도 나는 이 글을 쓰기 전에 인터넷으로 자동차 검사 예약을 했다. 그리고 아이의 두툼한 겨울바지를 주문했다. 날이 갑자기 추워졌기 때문이다. 자동차 검사를 미루면 최악의 경우 벌금을 물어야 한다. 그리고 아이가 감기에 걸리기라도 하면 더 큰일이다.
어짜피 나밖에 할 사람이 없는 일이라면 지금 바로 해치우자. 하기 싫고 빨리 끝나는 일이라면 더더욱 먼저 해야 한다. 그후에 나를 기다리는 선물이 있기 때문이다. 그것은 바로 내가 하고 싶은 일에 마음껏 몰입할 수 있는 시간이다.

넷째, 나에게 맞는 '멍'을 찾자.
"불멍하실 거예요?"

최근 숲속으로 캠핑을 다녀온 적이 있다. 아이의 친구 가족과 우리 가족이 불 앞에 앉아 고요히 불을 바라보니 무념무상의 시간이 찾아왔다. 마치 불이 다 탈 때까지는 아무런 생각도, 아무런 행동도 할 필요가 없다고 허락을 받은 듯했다. 산자락 아래에서 따뜻한 불씨가 사그라지기까지 나는 불멍의 시간을 즐겼다. 아시아 최대 광고 회사인 덴쓰에서 여성 최초로 크리에이티브 디렉터가 된 오카무라 마사코는 《커리어 대작전》이라는 책에서 이렇게 말했다.

"머리를 비우고 그저 수영에 집중하다 보면 갑자기 무언가 떠오를 때가 있습니다. 욕실 욕조에서 멍 때리고 있을 때도 아이디어가 찾아오곤 합니다."

음식을 먹고도 당분간 움직이지 않는 게 소화에는 더 좋다. 우리의 삶도 마찬가지다. 틈틈이 멍하니 있는 게 생각을 소화시키는 데 아주 좋다.

나는 집멍, 카페멍을 좋아한다. 집에서 창밖을 바라보며 멍 때리는 순간은 힐링의 순간이다. 카페에서 커피 한 잔 시켜 놓고 가만히 있는 시간도 좋다. 마치 비눗방울이 탁 터져 공기 속으로 사라지듯 수많은 생각 방울들이 하나 둘 올라와 탁탁 터져 사라진다. 생각 많고 할 것 많은 엄마들에게 특히나 멍때리는 시간은 필수다. 나에게는 어떤 멍이 가장 잘 맞는지 한번 찾아보자.

다섯째, 맡길 건 맡기고 포기할 건 포기하자.

아이의 아토피라는 문제를 해결하기 위해 고군분투했던 경험을 살려 회사를 창업한 베베템의 양효진 대표는 자꾸만 조바심과 무력감이 들 때 자신에게 이렇게 말했다고 한다.

"해결 방법은 딱 하나, 욕심을 버리는 수밖에 없다. 일과 육아, 살림을 모두 완벽하게 해낼 수 없음을 인정하고 남한테 맡길 건 맡기고 포기할 건 포기하기로 마음먹었다."

옛말에 '아이 하나 키우는 데 온 마을이 필요하다'고 하지 않았는가. 내 한 몸이 온 마을일 수는 없다. 반찬가게도 이용하고, 필요하면 가사 도우미도 부를 줄 알아야 한다. 친정이나 시댁에서 도움을 구할 수 없다면 내가 스스로 우물이라도 파야 한다. 그렇게 해서라도 나에게 시간을 만들어 줄 대안을 찾아내야 한다. 정 안 되면 포기할 것은 포기해야 한다.

엄마는 만능 재주꾼인 것을 안다. 하지만 모든 것을 다 혼자 하려고 하면 정작 자신을 지킬 수 없다. 자신에게 중요하게 쓰일 연료는 늘 남겨 놓아야 한다는 사실을 잊지 말아야 한다. 엄마는 부탁의 기술,

포기의 기술을 익혀야 한다. 남에게 부탁하는 것이 제일 힘든 일이었던 나도 점점 부탁과 포기의 기술을 익히고 있다.

나만의 시간이 생기면 나는 주로 어떻게 시간을 보낼까? 시간을 더 만들 수 없다면 있는 시간이라도 아껴 써야 한다. 엄마에게는 단 십 분의 짧은 시간도 소중하다. 나는 주로 TV와 휴대폰, 쇼핑에 내 시간을 도둑맞고 있었다. 도둑은 나에게 달콤한 휴식을 제공하는 듯했다. 하지만 시간 도둑은 욕심이 많다. 더 많은 시간을 진공청소기처럼 빨아드린다. 그 결과 내가 얻은 것은 두통과 초라함뿐이었다.

여기 시간 도둑들을 대체할 아날로그라는 대안을 추천한다. 휴대폰을 내려놓고 편지를 쓰는 시간, TV를 끄고 책을 보는 시간, 매일 같은 내용의 수다보다 명상이나 기도를 하는 시간이 바로 그것이다. 그 외에도 차를 한잔 타서 마셔 보기도 하고, 신선한 과일을 손수 잘라 한 입 베어 물기도 한다. 무언가가 나의 감각을 훔치기 전에 내가 주도적으로 나의 생각과 감각을 이용하는 것이다. 그 시간들은 지금 현재에 나를 데려다 놓고, 나라는 존재를 확인시켜 준다. 그렇게 현재와 존재를 경험함으로써 그토록 닿지 않던 나의 마음에도 접속이 가능하다.

고대 로마 제국의 정치인이자 사상가인 루키우스 세네카(Lucius Annaeus Seneca)는 "우리가 받은 인생은 짧은 것이 아니다. 다만 우리

스스로 인생을 짧게 만드는 것뿐이다"라고 말했다.

자! 거두절미하고 엄마의 시간 다이어트를 한번 해보자. 단, 이번 다이어트에는 내 마음을 챙기는 식단을 꼭 넣어야 한다. 그 어떤 일도 내 마음을 돌보는 일보다 급한 일은 거의 없기 때문이다.

> 내 마음이 기쁘고 설레는가?
> 내 몸이 아무리 힘들어도 자석처럼 다시 끌리는가?
> 이 두 질문에 yes라고 대답한다면,
> 그것이 내 꿈이라는 증거다.

진짜 '나'를 찾아가는 여정

말 한마디의 치유법

"나도 이제 일하러 나가야겠어."

"아이 조금 더 크면 하는 게 어때?"

나는 남편에게 사뭇 진지하게 말했고, 남편도 마찬가지였다. 그런데 왠지 모르게 섭섭한 마음이 들었다. 사실 남편 말도 맞다. 일은 아이가 엄마 손을 덜 탈 때 해도 된다. 그런데 왜 자꾸만 나는 일을 하려는 걸까?

사실 '나도 육아 말고도 할 줄 아는 게 많은 능력 있는 사람'이라는 사실을 잊지 않고 싶어서였다. 육아가 엄마의 고유 영역으로 굳혀진 지는 꽤 오래되었다. 엄마니까 당연하고, 엄마니까 참아야 한다. 하지만 아빠라고 힘들지 않은 것은 아니다. 가정의 생계를 책임지는 아빠의 어깨도 무겁기만 하다. 이와 같은 문제에서 날선 공방은 아무 소용이 없다. 남녀가 갈려서 싸우는 인터넷 댓글 창만 봐도 그렇다. '육아는 왜 여자만의 몫일까'의 질문은 '너도 그럼 나가서 힘들게 돈을 벌어봐'로 끝난다. 사실 나도 당장 일하러 가겠다는 말은 아니었다. 지금은 이렇게 육아하느라 집에만 있지만 나도 언제든 나갈 수 있는 여자라는 것을 말하고 싶었다. 어쩌면 나는 이런 말을 듣고 싶었는지도 모른다. '아이만 보는 게 힘들지? 당신도 나가서 능력을 발휘하고, 돈도 벌 수 있는데…….' 바꿔 생각해 보면 남편도 마찬가지로 나에게 이런 말을 듣고 싶었을 것이다. '여보, 지금은 내가 아이 잘 돌보고, 나중에는 내가 돈 벌어서 편하게 해줄게.'

맞다. 우리가 돈 버는 게 더 어려운지, 육아하는 게 더 어려운지, 누가 더 고생하는지를 따져 보자는 것이 아니다. 가장 가까이 있는 사람의 마음을 알아달라는 것이다. 아이를 키우는 일은 오전 오후로 근무를 나누듯 할 수 있는 일이 아니다. 딱 떨어지는 분담은 어렵다. 그래서 아이를 키우는 부부일수록 서로 배려의 말 한마디가 절실하다.

우울증과 불안장애를 겪던 10대의 조한 하리(Johann Hari)는 부끄러움을 무릅쓰고 의사에게 찾아가 자신 안에서 일어나는 증상을 고백했다. 의사는 이렇게 말했다.

"어떤 사람들은 화학적인 불균형이 일어나기도 하는데, 당신도 그

중 하나일 거예요."

그는 약을 처방받았고, 그후 13년간 약을 먹었다. 하지만 그의 고통은 여전했다. 그는 자신을 비롯한 많은 이들이 그토록 고통스러운 이유를 알고 싶었다. 그는 다양한 방법으로 고통에서 해방된 사람을 만나기로 했고, 여행을 통해 많은 것을 깨달았다. 그리고 그가 깨달은 많은 것들을 TED 강연을 통해 나누었다.

"우울증과 불안장애를 일으킨다고 증명된 대부분의 요인은 사실 생물학적인 것이 아닙니다. 우리 삶의 방식이 바로 그 요인입니다."

모든 사람은 정서적 욕구를 지닌다. 즉 자신의 삶에 의미와 목적을 찾고 싶은 욕구를 지니고, 다른 사람들로부터 자신의 가치를 인정받기를 바란다. 그러한 욕구를 채우지 못했을 때 우리는 우울증과 불안장애를 겪기 쉽다.

라사는 심각한 우울증으로 7년간 집에만 틀어박혀 지냈다. 뭔가 의미 있는 치료를 고민하던 의사는 그녀에게 약 말고도 다른 처방을 내렸다. 매주 2회씩 병원에 와서 다른 사람들과 무언가를 해보기를 권했다. 그녀에게 그것은 결코 쉬운 일은 아니었다. 리사는 사람들과의 첫 만남에 구토를 시작했다. 하지만 만남이 거듭된 후 그들은 함께 정원을 가꿔 보기로 했다. 그들은 실제 흙을 만지며 계절의 변화를 체험했다. 정원을 가꾸며 자연이라는 강력한 우울증 치료제를 접했다. 그외에도 그들에게는 다른 중요한 변화가 있었다. 바로 서로에게 관심을 기울이기 시작한 것이다. '괜찮아요?'라고 서로를 걱정하기 시작했다. 리사는 어느 날 조한에게 이렇게 말했다.

"정원이 꽃을 피우기 시작했을 때 우리도 꽃을 피우기 시작했어요."

그는 인류가 위대할 수 있었던 이유는 부족 생활을 하며 '우리'로서 살아갈 수 있었기 때문이라고 말했다. 하지만 지금은 어떤가? 사회가 거대해지고 삶이 바빠질수록 개인은 외로움으로 고통받고 있다. 많은 사람은 함께하기를 원하면서도 함께하는 것이 너무나 어려워졌다. 우울증, 불안장애 등은 생물학적 오류에서 비롯된 것이 아니다. 인간의 기본적인 욕구가 충족되지 않았기에 생겨나는 것이다.

"여러분은 그저 부품이 고장 난 기계가 아니에요. 여러분은 충족되지 못한 욕구를 지닌 인간이에요."

충족되지 못한 욕구를 무시해선 안 된다. 대신 그 욕구를 누군가와 함께 찾아가야 한다. 자신에게 관심을 두는 단 한 사람만 있어도 지독한 우울증에서 벗어날 수 있다.

"아이 금방 잘 것 같아. 조금만 기다려 줘."

나는 한 달에 한 번, 불타는 금요일에 모임을 한다. 10명의 30, 40대 엄마들이 맥주 한 잔씩 따라 놓고 컴퓨터 앞에 앉는다. 아이를 재우는 데 성공한 엄마부터 입장해서 서로를 기다린다. 우리는 그 모임에서 아이를 키우는 어려움, 초보 엄마로서 겪는 좌충우돌 경험담, 그리고 결혼생활에서 겪는 서러움까지 다 털어놓는다. 여자는 여자의 적이라고 했던가. 하지만 엄마는 다르다. 엄마는 엄마의 마음을 그 누구보다 더 잘 안다. 외로움을 방치하면 우울한 삶을 살게 된다. 엄마가 우울하면 가족도 우울하다. 그러니 우울하지 않도록 서로에게 울타리가 되어 주자. 오늘 내 안부를 묻고, 내 마음을 궁금해하는 한 사람만 있어도 우리는 살아갈 수 있다.

"무엇이 당신을 행복하게 만들까요?"

편안한 미소를 띤 나이가 꽤 든 로버트 왈딩어(Robert Waldinger) 교수는 그의 TED 강연의 시작을 질문을 던지며 시작한다. 밀레니얼 세대에게 인생의 가장 중요한 인생 목표가 무엇인지 물었을 때 80% 이상이 부자가 되는 것이라고 답했다고 한다. 정말 부자가 되면 행복해질까? 하버드대학교 성인발달연구소는 무엇이 사람들을 행복하고 건강하게 하는지 알기 위하여 75년간 남성 724명의 인생을 추적해왔다. 이 거대한 연구를 이어받은 네 번째 총 책임자가 바로 로버트였다.

"우리의 연구대상 중 배우자 만족도가 가장 높았던 남녀 80대에 진행한 설문에서 신체적인 고통이 심한 날에도 마음은 행복하다고 답했습니다. 반면 불행한 관계를 맺고 있던 사람들은 신체적인 고통이 심한 날에는 그 고통이 감정적인 고통에 의해 더욱 극대화된다고 답했습니다."

연구 결과는 명확했다. 우리를 행복하게 만드는 것은 질 좋은 관계라는 것이다. 나도 부자가 되면 행복해질 것만 같았다. 하지만 행복한 나의 모습을 상상해 보았을 때 가족이 없었던 적은 없다. 혼자 큰 저택에서 살며 매년 세계여행을 다니면 행복할까? 아니었다. 사실 내가 부자가 되고 싶었던 이유는 가족과 더 여유롭게 시간을 보내고 싶었기 때문이다.

관계에 공을 들인다는 것은 어떤 것일까? 적어도 식사 시간에는 휴대폰을 내려두는 것, 자기 전에 꼭 오늘 서로의 기분을 물어봐 주는 것, 아침에 각자의 일터와 학교로 가는 가족들에게 응원과 격려를 보내는 것, 어쩌면 이런 사소한 것들이 관계에 공을 들이는 노력이 아닐까 생각한다.

바람직하고 따뜻한 관계는 건강을 지켜 준다. 내가 남편에게 잘하는 것이 바로 나를 지키는 것이다. 그리고 남편이 아내에게 잘하는 것이 바로 남편 자신을 행복하게 하는 일이다.

"사랑은 가장 가까운 사람을 돌보는 데에서 시작합니다."

마더 테레사의 말처럼 사랑은 가까운 사람들에게 공을 들이는 것으로 시작한다. 왈딩어 교수가 인용한 마크 트웨인의 말을 나도 오래 되새기고 싶다.

"시간이 없다. 인생은 짧기에, 다투고 사과하고 가슴앓이하고 해명을 요구할 시간이 없다. 오직 사랑할 시간만이 있을 뿐이며, 그것도 순간일 뿐이다. 결혼하면 서로의 존재가 너무나 당연해진다. 하지만 우리는 언젠가 이 당연한 존재들과도 이별해야만 한다. 그래서 사랑할 시간은 내 생각처럼 넉넉하지가 않다.

사실 우리를 치유하는 약은 주위 사람들의 애정과 관심이다. 먼저 나의 안부를 묻고, 그리고 내 가족과 친구들의 안부를 묻자. 나를 풍요롭게 하는 관계는 행복한 삶의 핵심이다.
"오늘 당신의 마음은 어때?"
사랑의 반대말은 미움이 아니라 무관심이라고 했다. 내일 말고 오늘, 사랑하는 가족의 안부를 묻자. 삶은 사랑하기에도 너무 짧은 '찰나'와도 같기 때문이다.

소원을 들어주는 지니는 바로 나

"주인님, 소원을 말해보세요."

말로만 듣던 요술 램프의 지니가 내게 나타난다면 나는 무슨 소원을 말해야 할까? 로또 1등 당첨? 혹은 세계 여행? 그것도 아니면 몇 채의 건물?

"글쎄……. 아무튼 내가 행복해지는 걸로 부탁해."

이렇게 말하면 한결 쉬워질지도 모른다. 결론은 더 행복해지고 싶기 때문이다. 하지만 행복은 주관적이다. 남편은 맛있는 것을 먹으면 행복하다고 하지만, 나는 멋진 곳으로 여행을 갈 때 행복하다. 이렇듯 행복의 정의는 같지 않다. 그래서 우리는 지니에게 행복하게 해 달라고 말해서는 안 된다. 그랬다가는 내 앞에 내가 원치 않은 삶이 나타

날지도 모른다. 답은 나만이 안다. 내가 바라는 행복은 무엇일까?

 행복해지는 상상을 해보면 내가 언제 행복을 느끼는지 알게 된다. 내가 바라는 것은 로또 당첨이 아니었다. 대신 돈을 벌기 위해 삶을 희생하지 않을 만큼의 풍요로움을 바랐다. 또한 내가 원하는 것은 혼자 떠나는 럭셔리 세계 일주가 아니었다. 그저 더 늦기 전에 엄마, 아빠와 근처 어디라도 떠나 보는 것이었다.

 집중해서 생각해 보면 진짜 내가 무엇을 원하는지, 언제 가장 행복한지를 알 수가 있다. 사실 행복은 멀고도 추상적인 것들이 아니었다. 오히려 가깝고도 구체적인 것들이었다. 지니는 세 가지 소원만 이루어준다. 하지만 내가 가진 생각을 바꾸면 기적은 끝이 없다.

 "아니, 당신 피곤하다면서 잠을 줄여서 아프면 어쩌려고."

 일찍 일어나 미라클모닝을 해보겠다고 선언한 나를 남편은 처음부터 말렸다. 하지만 잠을 더 잔다고 이 삶의 묵은 체증을 해결할 수 있을까?

 "지금 당신의 삶이 어디에 와 있든지, 우리에게는 하나의 공통점이 존재한다. 바로 우리는 자신의 삶을 발전시키고 싶어한다는 것이다. 하지만 대부분의 사람은 매일 아침, 별다를 게 없는 삶을 사는 것처럼 눈을 뜨고, 침대에서 일어난다."

 《미라클모닝》의 저자 할 엘로드(Hal Elrod)의 말이다. 그는 스무 살의 나이에 교통사고로 6분간 사망했으며, 열한 군데의 골절과 영구적인 뇌 손상을 입었으며, 다시는 걸을 수 없을 것이라는 말까지 들었다. 하지만 그는 아침에 일찍 일어나서 시작한 자신의 습관으로 인생의 극적인 변화를 맞았다. 그는 자신이 다니는 회사에 명예의 전당에 이름을 올린 영업의 달인, 울트라 마라토너, 베스트셀러 작가, 힙합 아티스트이자 세계적인 동기부여 전문가로 거듭났다.

"아침에 눈 뜨고 가장 먼저 하는 일이 그날의 마음가짐과 패턴을 결정한다."

더 많은 수면 시간이 더 좋은 하루, 인생을 이끌어 주지는 않는다. 수많은 사람이 아주 적은 시간의 수면만으로도 상쾌한 기분으로 아침을 맞이할 수 있다는 사실을 증명해냈다. 자신이 원하는 하루를 살 수 있는 사람은 자신이 원하는 인생을 살 가능성이 훨씬 더 높다.

그는 책에서 여섯 가지 아침 습관을 소개한다. 그것은 침묵과 확언, 시각화, 운동, 독서, 일기 쓰기다. 나는 이 6가지 습관이 성공한 사람들이 하는 습관이라는 것을 나중에야 알았다. 아침에 일어나 읽게 된 많은 책을 통해서였다. 그것은 어떻게 보면 너무나 간단하고 쉬웠다. '아니, 이런 걸로 성공한다고?'라고 생각할 수도 있었다. 하지만 아무리 사소한 것이라도 그것을 매일 한다면 결과는 달라진다. 매일 반복적으로 하는 일만큼 강력한 것은 없다. 가령 매일 아침 시각화를 통해 내가 살고 싶은 하루를 미리 그려 보는 사람과 그렇지 않은 사람은 분명 다른 삶을 살게 될 것이다. 나의 케케묵은 삶의 습관들과 정체된 생각에 지각변동이 일어나기 시작했다.

여전히 나는 단잠을 사랑한다. 그런데도 대부분의 아침을 일찍 일어난다. 하루쯤 늦잠을 잘 때도 있다. 하지만 더는 내가 계획한 일을 해내지 못했다는 패배감으로 괴로워하지 않는다. 이는 꾸준히 이어졌던 아침 습관 덕분이다. 매일 조금씩 명상, 독서, 일기 쓰기, 확언, 시각화를 통해 신념 또한 변했기 때문이다. '오늘 충분히 잤으니 내일부터 또 새롭게 시작하면 돼.' 지금보다 더 활기차고 행복한 삶을 살고 싶다면 할의 말을 기억하자.

"지금의 나와 되고 싶은 나의 차이는 사람에 따라 다르다. 어쩌면 몇 가지 작은 변화로 충분히 좁힐 수 있는 차이일 수도 있고, 그 반대일 수도 있다. 간극이 너무 벌어져 당장 무엇을 해야 할지 모르고 있을 수도 있다. 어느 쪽이든 이것만은 확실히 해두자. 나는 내가 되고자 하는 내가 될 수 있다. 차이를 뛰어넘는 것은 가능하다."

"공장 다닐 때 나름 행복했어요. 그런데 어느 날 버스 타고 같이 학교에 가던 친구가 밥 대신 먹은 백설기 빵이 목에 걸려 죽은 거예요. 그 친구 장례식을 치르면서 '이렇게 사는 건 아닌 것 같다. 탈출해야겠다'고 생각했어요."

전북 정읍의 가난한 집에서 6남매 중 셋째 딸로 태어난 한 소녀가 있었다. 그녀의 엄마는 아픈 아버지 대신 생계를 책임져야 했다. 그녀는 엄마처럼 살기 싫었다. 야간 고등학교를 다닐 수 있다는 말에 공장에 취직해 일하며 꿈을 키웠지만, 친구가 죽은 후 그녀는 그곳을 탈출해서 성공하기로 결심했다. 그녀는 일본을 거쳐 프랑스로 건너가 패션 공부를 했다. 하지만 친구와 사업을 하다가 10억 원이라는 빚을 지게 되었다. 늘어난 체중, 잔뜩 진 빚, 40이라는 꽉 찬 나이, 그리고 아무도 없는 타지, 딱 죽기 좋은 이유였다. 그녀는 센강에서 빠져 죽으려고 했다. 하지만 그녀는 삶을 선택했다. 살아가기로 한 이유는 단 하나, 바로 그녀의 엄마였다. 언제나 그녀를 믿어 주고 사랑해 준 엄마를 위해 다시 살기로 했다.

그녀는 바로 2020년 타임즈에서 선정한 영국의 345번째 부자, 켈리 최이다. 그녀가 무일푼으로 창업한 '켈리델리'는 현재 연 매출 5,000억 원을 자랑하는 글로벌 기업이 됐다. 그녀는 성공하기 전에도 죽을 만큼 열심히 일했지만 실패했다. 그러나 성공하는 사람들의 마인드를 장착하고 난 뒤의 결과는 달랐다. 똑같은 노력을 기울이고도 그녀가 원하는 결과를 모두 얻어낸 비법은 무엇일까?

"당신이 옳다고 생각하던, 그렇지 않다고 생각하던, 그게 맞습니다. 당신의 생각이 맞습니다."

그녀는 자기 생각을 바꾸었다. 자신이 생각하는 것이 현실에서 일어날 것을 의심 없이 믿었다. 그녀는 매일 아침 자신이 원하는 이상적인 하루를 생생하게 그리는 것으로 하루를 시작한다. 그리고 그녀는 오늘 어떤 일이 있어도 행복하겠다고 선언한다. 그녀는 자신의 마인드를 바꿈으로써 실패를 딛고 멋진 성공을 이루어냈다.

나도 한껏 움츠려 있던 때가 있었다. 남들 다 하는 육아에도 혼자만 더 힘들어 하는 것 같아 자신을 자책하기도 했다. 하지만 나는 달라지기 시작했다. 나를 지배하던 부정적인 무의식의 세계에서 벗어나 내가 원하는 것을 의식적으로 그려 나가기 시작했다.

오늘 내가 만들 기적은 무엇인가? 기적의 난이도는 다양하다. 커피 내리기, 청소하기처럼 난이도가 낮은 것부터 일찍 일어나기, 글쓰기, 재테크 책 읽기처럼 난이도가 꽤 높은 것까지 다양하다. 아무튼 이 모든 것들이 오늘 나의 행복을 채워 줄 소중한 재료들임은 틀림이 없다.

나는 나를 사랑해 줄 왕자님을, 나의 소원을 이루어 줄 지니를 기다려왔다. 하지만 더 이상 그들을 기다리지 않는다. 그 대신 내가 꿈꾸는 나의 모습을 또렷이 상상해 본다. 그리고 그 꿈을 이뤄 줄 삶의 습관들을 만들어 나간다. 그것이 내가 나를 사랑하는 방법이다. 그리고 내 소원을 이뤄 줄 수단이다. 나는 스스로 내 삶의 기적을 만들어 나가기로 했다. 기적은 내가 오늘 꾸려가는 하루 속에 있다. 잊지 말자. 소원을 들어 주는 지니는 바로 나의 생각과 삶의 습관이라는 것을.

진짜 행복해지기 위한 엄마의 부자 상상

"엄마는 부자가 되고 싶어."

"응? 왜?"

아들과 대화를 하다가 말문이 막혔다. 나는 부자가 되고 싶다면서 정작 부자가 되고 싶은 뚜렷한 이유는 없었다. 사실 부자라는 꿈은 엄마가 되고서부터 생겨났다. 그 전에 나는 돈은 필요한 만큼만 있으면 된다고 생각했다. 그래서 돈을 더 벌 생각도, 돈을 더 모을 생각도 하지 않았다. 그런 내가 엄마가 되고서는 달라졌다. 돈 들어갈 일이 점점 더 많아지니 당연한지도 모른다. 하지만 안분지족(安分知足)의 삶을 지향하던 내가 노골적으로 돈을 밝히는 엄마가 되다니 변해도 너무 변했다. 나는 대체 왜 부자가 되고 싶은 걸까? 아이의 질문에 막혔던 대답을 찾아보기로 했다.

'경제적 독립, 조기 은퇴(Financial Independence, Retire Early)'의 앞 글자를 딴 파이어족은 경제적 자립을 통해 40대 초반 전후에 은퇴한 이들을 일컫는다.

"대기업 타이틀이 삶을 보장해 주진 않더라고요. 월급에 기대 사는 리스크를 줄이기로 했죠."

어느 신문 기사에 실린 한 파이어족은 안정된 직장을 포기했다. 조기 은퇴를 결심한 지 4년 만이었다. 그는 매일 책을 읽고, 자신의 계획을 실행하며 종잣돈을 불렸다. 그리고 곧 마흔을 앞둔 그는 자신이 계획한 그대로의 삶을 살고 있다.

"회사 다닐 때는 맞벌이 부부라 돈(월 소득)은 지금보다 많이 벌었는데 누구 하나 행복하지 않았어요. 요즘엔 원하는 시간에 캠핑을 떠나고, 바닷가를 산책합니다."

그들은 매일 돈을 벌면서도 행복하지 않았던 날들 속에서 깨달음을 얻었다. 그래서 더 똑똑하게 일했고, 과감하게 직장을 관두었다. 그 결과 자신이 바라는 삶을 살고 있다. 물론 파이어족이라고 해서 모두 행복하기만 한 것은 아닐 것이다. 하지만 적어도 그들은 내가 어떤 삶을 원하는지를 아는 사람들이다. 그래서 그들은 돈의 하인이 아니라, 돈의 주인이 되었다.

이런 파이어족의 삶은 나도 몰랐던 내 마음의 소리를 들려 주었다. '아, 나 또한 자유롭고 행복하기 위해 부자가 되고 싶은 거구나!'

"사람들이 나에게 '옥동자' 캐릭터가 전성기라고 했다. 그런데 오히려 지금 이 순간이 전성기라 생각하고 가장 행복하다."

옥동자로 우리에게 알려진 개그맨 정종철의 인터뷰 내용이다. 그는 개그맨이 아닌, 주부의 모습을 공유하면서 많은 사람으로부터 공감을 끌어냈다. 처음부터 살림과 요리를 도맡아 한 것은 아니었다. 사실 그의 아내는 두 아이의 육아와 셋째 아이를 임신한 후 극심한 우울증에 시달리고 있었다. 하지만 그는 그 사실을 전혀 몰랐다. 정작 자신도 일에 대한 스트레스로 인해 일 혹은 취미 생활에 몰두해 있었기 때문이었다. 그러던 어느 날 그는 자신의 가방에서 아내의 유서를 발견했다. 그 편지에는 이렇게 적혀 있었다.

"오빠는 가족보다 오빠 자신을 더 사랑하는 것 같다."

그는 아내의 편지로 인해 자신을 되돌아보았다. 그리고 살아가는 방식을 바꾸기로 했다. 가장 먼저 한 일은 외로운 아내의 곁을 지키고 요리와 살림을 함께하는 것이었다. 그렇게 시작된 옥주부의 삶을 공유하다 보니 수많은 팔로워가 생겨났다. 현재 그는 자신이 사랑하는 요리를 통해 제2의 전성기를 누리고 있다. 그리고 그는 일에만 몰두하던 시절보다 지금 훨씬 더 풍요롭게 살고 있다.

파이어족, 그리고 옥주부의 이야기의 맥락은 같다. 우리는 행복을 위해 일을 한다. 하지만 곧 일에 매몰되어 행복을 희생시킨다. 이 커다란 모순을 어떻게 설명해야 할까? 헨리 데이비드 소로(Henry David Thoreau)는 부에 대해 이렇게 말했다.

"부란 인생을 충분히 경험할 수 있는 능력이다."

우리는 하기 싫은 일을 더 이상 할 필요가 없다고 한다면 소중한 삶의 시간을 낭비하지 않아도 된다. 가족과 더 시간을 보낼 수 있고, 내가 원하는 곳으로 여행을 떠날 수 있고, 내가 진짜 하고 싶은 일을 할 수도 있다. 그러나 대부분의 사람은 젊어서는 이런 삶을 사는 것은 불가능하다고 생각한다. 하지만 이 모든 게 가능한 그때에는 이미 내 몸이 쇠약해지고, 성인이 된 자녀들은 각자의 삶을 사느라 바쁠 것이다.

돈은 어쩌면 지금 이 시간에 내가 바라는 삶을 살게 해줄 수 있는 강력한 도구다. 돈 때문에 불행하고, 돈 때문에 아프고, 돈 때문에 매여 있다면 과연 행복해질 수 있을까? 무조건 부자가 되어야 한다는 말은 아니다. 큰돈이 아니라도 내가 돈을 주체적으로 대할 수 있어야 한다는 것이다. 그럴 때 돈은 나의 자존감도 자라나게 한다.

나는 이제부터 돈과 친구를 맺어 보기로 했다. 당장 주식에 투자하거나 부동산을 공부하는 것도 괜찮다. 하지만 그 전에 나는 '돈에 대한 나의 사전'을 고쳐 쓰기로 했다. 다음은 내가 시도한 몇 가지 유용한 방법이다.

첫째, 돈에 대한 내 고정관념을 없애자.

"액수가 적은데 괜찮을까요?"

"그럼요. 아이 이름으로 하세요. 기도해 드릴게요."

나는 우연히 다문화가정 자녀들이 다니는 학교에 관한 이야기를 접했다. 수녀님들이 운영하는 그 학교는 재정적으로 아주 힘들다고 했다. 나는 부담 없는 적은 액수를 매월 기부하기로 했다. 처음에는 아이 이름으로 좋은 일을 하고 싶다는 생각에서였다. 하지만 매년 집으로 도착하는 아이들의 소식에 내 기부 금액의 백 배쯤 되는 행복을 돌려받는다.

나는 돈에 대해서는 소극적이다 못해 적대적이었다. 돈은 쓸 만큼만 있으면 된다고 여겼다. 부자들에 대한 부정적인 선입견도 있었다. 하지만 우리 주위에는 선한 부자들이 훨씬 더 많다. 실제로 내 주변의 부자들은 풍요롭고 행복한, 주체적인 삶을 사는 사람이 많다.

사실 돈은 내가 세상을 위해 줄 수 있는 가장 쉬운 것일지 모른다. 돈은 이처럼 누군가를 돕기 위한 좋은 수단이다. 돈은 가치 중립적인 수단일 뿐이다. 어떻게 쓰이느냐에 따라 그 가치를 지닌다. 돈의 가치를 정하는 것은 사람이라는 사실을 기억해야 한다.

둘째, 부자 상상을 하자.

'만약 당신에게 평생 벌지 않아도 될 만큼의 풍족한 돈을 준다면 당신은 무엇을 하겠는가?' 내가 그리는 그림은 한결같다. 아름다운 해변이 가까운 아늑한 집, 나의 서재에서 글을 쓰고 있다. 그리고 저녁에는 가족이 모두 모여 저녁식사를 하며 오늘 있었던 일을 나눈다. 주말에는 사랑하는 친구들을 초대해 저녁 노을을 감상하고, 지난 일을 추억하며 깔깔깔 웃어댄다. 여행은 더 이상 사치가 아니라 나의 일상이다. 그리고 도움이 필요한 사람들을 기꺼이 돕는다. 이것이 나의 부자 상상이다. 부자가 되어도 나 자신은 똑같다. 차이점이 있다면 훨씬 더 행복하고, 자유롭고, 건강하다. 나는 그런 나를 마음속으로 그리며 무한한 풍요로움을 느낀다. 상상이 끝나면 오늘 내가 해야 할 일이 또렷해진다.

조용한 곳에 앉아 부자 상상을 한번 해보자. 가난한 마음은 곧 풍요로워질 것이며, 내가 살아갈 이유는 선명해질 것이다.

셋째, 부자들의 비밀을 실천하자.

자수성가한 부자들의 강연과 책을 통해 알게 된 한 가지가 있다. 이들은 남들이 무엇을 원하는지에 관심이 많은 사람이었다. 나는 이 비법을 알고 나서 무릎을 쳤다. 나는 그동안 가졌던 물음에 대한 답을 구한 느낌이었다. 다음은 톨스토이의 《사람은 무엇으로 사는가》에서 깨달음을 얻은 미하일의 대사 중 일부다.

"이제 저는 깨달았습니다. 사람들은 자기들이 이기심으로 살아간다고 여기지만 사실 그들은 사랑으로만 살아갑니다."

오직 돈을 위해 버는 부자들은 수명이 짧다. 하지만 진정 남들을 사랑하는 마음을 가진 부자들은 그 수명이 영원하다.

"다른 사람들이 원하는 것을 얻도록 충분히 도와 주면 당신이 원하는 모든 것을 얻을 수 있다."

지그 지글러의 말처럼 내가 원하는 삶을 살기 위해서는 남들이 원하는 삶에 이바지할 수 있어야 한다.

'나는 왜 부자가 되고 싶은 걸까?' 이에 대한 답은 모두 다를 것이다. 하지만 근원은 같다. 더 행복하고 더 사랑하고 싶어서다. 그렇다면 돈에 관한 선입견을 버리자. 그리고 나는 어떤 부자가 되고 싶은지 상상해 보자. 그리고 오늘 내가 세상에 줄 수 있는 무언가를 찾아 보자. 돈에 끌려 다니지 말고, 돈을 이끌어 나가자. 돈과 좋은 친구가 되고, 선량한 주인이 되자. 돈은 자존감과 행복을 가져다 줄 소중한 도구란 점을 잊지 말자!

내향인 엄마로 사는 법

"학교에서 수업 중에 화장실 가고 싶어도 '다녀오겠습니다'라는 말을 못하고, 수업 끝날 때까지 땀을 흘리며 참았던 학생이었어요."

많은 사람이 뮤지컬 '헤드윅'에서의 파격적인 변신, 영화 '타짜'에서의 카리스마 넘치는 그의 연기를 기억한다. 그는 바로 영화배우이자 뮤지컬 배우 조승우다.

'아니. 저렇게 끼가 많은 사람이 어떻게 그토록 내향적일 수 있지?' 그는 수줍음이 많고 나서기를 싫어하는 소년이었다. 어느 날 그는 누나가 출연한 뮤지컬 〈돈키호테〉를 보고 뮤지컬 배우의 꿈을 꾸게 되었다. 그리고 지금 그는 뮤지컬, 영화, 드라마의 장르를 넘나드는 연기파 국민 배우가 되었다.

할리우드를 넘어서 클래식 시대의 막바지를 상징하는 여배우인 오드리 헵번도 실은 매우 내향적이었다. 그녀의 책에서 그녀는 자신에 대해 이렇게 말했다.

"혼자 있을 때, 나는 재충전을 한다. 군중 속에서는 더욱 외로워진다."

여러 코믹 영화를 통해 우리에게 잘 알려진 웃음의 전령사 짐 캐리도 마찬가지다. 그가 자신의 어린 시절을 회상하며 한 말이다.

"어릴 적부터 난 내성적인 아이였다. 옷장 안에 틀어박혀 세상의 정의에 대해 생각해 본 적도 있었다."

사실 나도 그들과 비슷하다. 내향성이란 에너지를 내부로부터 얻는 것을 말한다. 좀더 쉽게 설명하자면 외향적인 사람들이 외부 활동을 통해 에너지를 충전하는 방식이라면, 내향적인 사람들은 주로 조용한 공간에서 독서, 공부, 영화감상 등과 같은 일에 집중하면서 충전한다.

중요한 사실은 우리는 모두 내향인과 외향인, 그 어디쯤에 속한다는 것이다. 완벽한 내향, 외향은 거의 없다. 하지만 너무 많은 사람 속에 있으면 쉽게 피곤해지며, 혼자서 또는 익숙한 사람과 함께 평화롭고 조용히 쉬는 게 더 좋다면 당신은 내향적일 가능성이 높다. 나는 어린 시절, 반장이나 부반장과 같이 앞에 나서는 일을 좋아하지 않았다. 그리고 친하지 않은 친구들, 혹은 웃어른들과 함께 있는 자리는 불편했다. 나는 나만의 시간 속에서 에너지를 충전하는 사람이었다.

심리학자 일자 샌드(Ilse Sand)는 자기 자신을 매우 조용하고 민감한 성향의 소유자로 규정한다. 그녀는 자신의 책 《조용해도 민감해도 괜찮아》에서 내향인들이 받는 오해에 대해 이렇게 말했다.

"우리는 대체로 남들의 행위와 성과에 크게 관심을 두지 않는다. 대신 남들이 어떻게 지내는지에 많이 신경 쓴다."

"너는 내가 한 이야기를 잘 잊어버리더라."
한 친구는 자신의 이야기를 귀담아듣지 않는 내게 불만이 있었다. 맞는 말이었다. 나는 주변 사람들이 무엇을 먹었는지, 어떤 일이 있었는지 들어도 잘 기억하지 못한다. 하지만 그들이 행복한지 아닌지에는 관심이 많다. 그녀가 아마 자신의 마음을 표현했다면 나는 본능적으로 귀를 더 기울였을 것이다.

"내향인이라는 것은 자기 이익에만 관심을 갖는 소인배와는 다르다. 정반대로 내향인들 중에는 타인의 행복을 특히 중시하는 윤리 감각을 타고난 이들이 많다."
내향인은 자신에게만 빠져 있는 것이 아니다. 대신 자신을 아낄 줄 알고, 다른 사람들의 행복에 관심이 많을 뿐이다.

모라 에런스 밀리(Morra Aarons-Mele)는 사회적 마케팅 회사 '우먼 온라인'의 CEO이자 팟캐스트를 진행하는 칼럼니스트다. 마케팅 업계에서 포브스 'top 30 under 30' 리스트에 선정되기도 했다. 하지만 그녀는 선천적인 은둔형 인간으로, 타고난 성향만 보면 거의 매일 화장실에 숨어 있어야 하는 사람이다. 그녀는 오랫동안 성공하기 위해 외향형 인간을 연기해 왔다. 하지만 자신의 삶이 행복하지 않다고 느꼈다. 그녀는 있는 그대로의 자신을 받아들이기로 했다. 그리고 그녀만의 방식으로 사업을 이끌어 나갔다. 그녀는 열정을 다 태워 없애기 전에 집 안에서 충분한 휴식을 취한다. 그럼으로써 일을 지속한다. 그녀는 내향인의 장점인 세심한 주의력과 공감 능력을 충분히 활용한다. 그녀는《나는 혼자일 때 더 잘한다》에서 "당신의 눈물이 무엇을 말하려고 하는지 파악하라"라고 말했다. 화장실에서 숨어 울고 나서 꼭 해야 할 일은 내 마음속 이야기를 듣는 것이다.

하루가 다르게 변해가는 디지털 시대에 수많은 정보가 난무하고 트렌드는 계속 바뀌어 간다. SNS에는 나보다 뛰어난 사람, 행복해 보이는 사람, 돈 많은 사람, 예쁜 사람들이 넘쳐 난다. 나만 뒤처지다 사라지는 것이 아닐까 두렵기만 하다. 많은 사람이 이러한 포모(fear of missing out)증후군을 겪고 있다. 그래서 우리는 SNS에 끊임없이 자신의 생존 신고를 하고 있는지 모른다. 그녀는 조모(joy of missing out)를 즐겨 보라고 권한다. 가끔은 은둔의 즐거움을 느껴도 괜찮다. 모든 연결을 꺼 두고 사라져 보자. 그때 내게 가장 필요한 것이 무엇인지 깨닫게 된다. 그리고 그 두려움의 정체가 무엇이었는지 알게 된다.

첫 회사에 입사했을 때 칼같이 퇴근하는 근무시간에도 나는 녹초가 되어 집으로 겨우 돌아오곤 했다. '이것도 힘들면 앞으로 어떻게 할래?' 나는 나 자신을 질책했다. 결혼하고 육아를 하면서도 마찬가지였다. 유독 힘들어할 때마다 '너는 엄마인데 이것도 힘들면 어떻게 할래?'라며 자책했다. 혹은 '다른 엄마들은 안 그래'라며 비교하기도 했다. 결국 내 마음을 점점 더 궁지로 몰았다. 모라 에런스 밀리는 "불안과 우울을 함께 느끼는 사람에게 가장 힘든 일은 끊임없는 반추와 강박이다"라고 말했다. '대체 왜 그랬을까?'라고 반추하는 것은 내 마음을 점점 더 갉아먹었다. 하지만 이제는 안다. 나를 먼저 이해하고 받아들여야 하는 사람은 바로 나라는 것을.

세상과 사이가 나쁜 사람, 남들과 사이가 나쁜 사람, 나와 사이가 나쁜 사람 중에서 가장 최악은 무엇일까? 정답은 나와의 사이가 나쁜 사람이다. 가장 아픈 상처는 남들이 하는 오해가 아니다. 내가 나를 오해할 때 가장 아프다.

엄마라는 긴 터널을 통과하면서 알게 된 것이 있다. 바로 나 자신을 받아들여야 한다는 것이다. 나는 내향적이라는 사실을 받아들이고 나서, 내가 좋아하는 것과 싫어하는 것을 인정해 주기로 했다. 아이가 없을 때는 혼자 재충전할 시간을 갖도록 노력했다. 아이가 있을 때에는 잠시라도 숨어 있는 시간을 가졌다. 그런 나에게 죄책감을 가지기

보다는, 나를 받아들이고 인정해 주기로 했다. 그러다 보면 아이도 아이 나름대로 혼자 책도 읽고 놀거리를 찾아낸다. 대신 혼자만의 시간 후에는 아이와 즐겁게 논다. 재충전을 했기 때문에 가능한 일이다.

나를 사랑하는 일은 나 자신을 있는 그대로 받아들이는 일이다. '내가 왜 그랬을까'가 아닌 '그럴 수도 있지'가 되어야 한다. 당신이 내향인의 별에서 왔던지, 외향인의 별에서 왔던지 나를 사랑하는 법은 똑같다. 나의 약점을 질책하기보다는 나의 강점을 칭찬하자. 나에게 내가 편하고 좋은 것이 무엇인지 물어보고, 그것을 선물해 주자.

잊지 말자. 나를 위해 가장 좋은 비타민은 바로 있는 그대로의 나를 받아들이는 일이다.

엄마라는 축복

〈어느 날 심장이 말했다〉라는 오래된 이야기 속에는 아름다운 여인과 사랑에 빠진 한 청년이 등장한다. 그 청년은 모든 것을 다 주고서라도 그녀의 사랑을 얻고 싶었다. 어느 날 여인이 청년에게 말했다.

"당신 엄마의 심장을 꺼내 오세요."

많은 고민을 했지만 결국 청년은 엄마의 가슴 속에서 심장을 꺼냈다. 그리고 청년은 엄마의 심장을 들고 뛰기 시작했다. 오직 그녀와 함께할 자신의 행복만을 생각하며 달리고 또 달렸다. 청년은 달리다가 돌부리에 걸려 넘어졌고, 청년의 품에 있던 심장이 굴러 떨어졌다. 청년이 심장을 다시 주웠을 때, 흙투성이가 된 심장이 이렇게 말했다.

"애야, 많이 다치지는 않았니?"

최근 중국에서 이 슬픈 이야기와 비슷한 사건이 있었다. 50대의 한 남성이 거동이 힘든 노모를 생매장한 사건이었다. 노모는 약 70시간을 차가운 땅 속에 갇혀 있다 가까스로 구조되었다. 하지만 그녀는 의식이 흐릿한 상황에서도 경찰에 "내가 스스로 땅을 파서 들어갔다"고 말했다. 자신을 생매장한 아들을 감싸기 위해서였다. 엄마의 사랑은 이토록 위대하다. 나는 신이 있다면 이런 엄마의 마음을 닮았을 것으로 생각해왔다. 그래서 나는 더 간절히 엄마가 되고 싶었다.

아주 오래전, 친구와 함께 보육원을 찾아갔다. 봉사자를 구한다는 소식에 평소 관심이 있었던 나와 친구는 용기를 내어 문을 두드렸다.

"일주일에 한 번씩 정해진 날에 꼭 오셔야 하고요. 늦으시면 안 되고요. 위생관리도 철저히 하셔야 해요. 할 수 있으시겠어요?"

처음 마주친 담당자는 매우 딱딱하게 굴었다. 우리를 반기는 기색이라곤 찾아볼 수가 없었다. 말이 끝나기가 무섭게 그녀는 우리를 지하의 어두컴컴한 빨래방으로 데리고 갔다. 우리는 그날 온종일 세탁기에서 나온 아이들 빨랫감을 널고 마른 빨래를 갰다. 우리는 그 많은 빨래가 다 사라진 오후 늦은 시간까지도 아이들의 얼굴을 볼 수 없었다. 허기진 나는 그저 일을 마치고 빨리 돌아가고만 싶었다. 그때였다. 나이가 지긋한 수녀님이 우리에게 다가오셨다.

"오늘 수고 많았어요. 처음에는 빨래나 청소를 해주셔야 해요. 일정

기간이 지나야 아이들을 볼 수가 있어요. 꾸준히 오시는 분이라는 것이 증명이 되어야 해요. 자원봉사자라고 왔다 안 왔다 하면 우리 아이들에게는 오히려 상처가 되거든요."

수녀님은 우리를 3층 아기들의 방으로 안내했다. 은은한 불빛 아래 아이들의 울음소리만 간간이 들렸다. 그 옆에서 아기들을 보살피는 자원봉사자가 보였다. 그 모습이 마치 그림자 같았다. 그 그림자는 매우 빠르고 성실했다. 집으로 돌아오는 길, 나는 친구에게 말했다.

"나는 아직 무리인 것 같아."

친구는 말없이 고개를 끄덕였다. 친구와 헤어지고 걸어가는 길 내내 마음이 무겁게 가라앉았다.

세월이 지나 나도 한 아이의 엄마가 되었다. 하지만 마냥 행복하기만 한 것은 아니었다. 가끔은 이제껏 쌓아온 엄마라는 탑이 와르르 무너지는 날도 있었다. 할아버지가 세상을 떠나시던 날이었다. 나는 갓난아이를 안은 채로 소리 내 울지도 못했다. 내가 울면 아이가 더 크게 울기 때문이었다. 언젠가는 이석증인 줄도 모른 채 부엌에서 넘어진 일이 있었다. 아이는 놀라 자지러졌다. 어쩔 수 없이 나는 아이를 안고 기어서 다녀야 했다. 그럴 때는 왠지 나만 희생하고 있다는 생각이 들었다. 내가 낳았다는 이유로 모든 일은 다 내 책임이 된 것만 같았다. '아이는 같이 낳았는데 왜 엄마만 이런 고생을 해야 하는 걸까?'

억울함이 커져만 갔다.

'휴, 나도 좀 쉬고 싶다. 혼자 여행 다닐 때가 좋았지.' 아이와 친정으로 가는 길, 짐을 챙겨 기차를 탔다. 기차 안에서 아이가 보챌까 봐 여간 신경이 쓰이는 것이 아니었다. 잘 생각이 전혀 없어 보이던 아이도 제풀에 지쳤는지 내 무릎을 베고 잠이 들었다. 그 틈을 타 나는 휴대폰을 켰다. 그리고 우연히 일시보호소의 생활을 취재한 다큐멘터리를 보게 되었다. 그곳은 여러 이유로 돌볼 사람이 없는 어린아이들이 임시로 머무는 곳이었다. 아이들은 그곳을 거쳐 입양되거나 다시 자신의 가정으로 되돌아가기도 했다. 내 아이 또래의 얼굴을 보니 그저 안쓰러운 마음뿐이었다. 하지만 내가 창피한 것도 모르고 펑펑 울게 된 이유는 따로 있었다. 바로 엄마라는 이름으로 아이들을 돌보는 선생님들의 모습 때문이었다.

"저는 '이 일이 아니었으면 지금 어떻게 보내고 있을까'를 한 번씩 생각하거든요."

땀이 맺힌 얼굴에도 맑고 행복한 표정의 선생님은 말을 잠깐 멈추고 눈물을 삼켰다.

"언제 가장 행복하냐고 물어 보셨죠? 뭐라고 대답할까 생각했는데……. 아이들과 있는 그 자체만으로도 행복해요."

엄마라는 자리는 이렇게 행복한 자리였구나. 나는 그 사실을 자주 잊었다.

가을바람이 선선하게 부는 어느 날, 아이 손을 잡고 산책을 하던 길이었다.

"엄마, 엄마는 내가 있어서 좋지?"

나를 바라보는 아이의 표정에는 사랑스러움이 뚝뚝 묻어났다. 나는 가던 길을 멈추고 아이의 눈을 오래도록 바라보았다. 그리고 가슴이 터져라 꼭 안아주었다.

"그럼, 엄마는 하늘만큼 땅만큼 행복하지."

"엄마, 나도 엄마가 있어서 너무 너무 행복해."

나는 이야기 속에 등장하는 심장의 주인인 엄마처럼, 보육원의 자원봉사자처럼 완벽한 사랑을 주지 못한 것 같다. 그런데도 아이는 내 사랑이 충분하다고 말해 준다. 그저 내가 엄마라는 이유로 아이는 언제나 나를 사랑하고 용서해 준다. 나도 엄마가 되고서부터 조금은 사랑을 알 것 같다. 사랑이란 '나' 중심에서 벗어나는 것이다. 나는 평생 지켰던 내 중심을 조금씩 틀기 시작했다. 그러자 엄마인 나의 자리도 축복으로 느껴졌다. 초보 엄마인 나는 어느덧 차가운 겨울을 지나는 중이었다.

"깊은 겨울 속에서 나는 마침내 내 안에 무적의 여름이 존재한다는 사실을 깨달았다."

알베르 카뮈(Albert Camus)의 말처럼 깊은 겨울에는 무적의 여름이 존재한다. 특히 지금 깜깜한 터널을 걷는 순간이라면 이 사실을 믿어야 한다. 이 터널 끝에는 아주 찬란한 빛이 있다는 것을, 그 빛을 만나기 위해 이 터널을 꼭 지나가야만 한다는 것을 말이다.

지금 엄마에게 껌딱지처럼 붙어 있으려는 아이의 사랑도 언젠가는 끝이 날 것이다. 아이도 어른이 되어 자신의 길을 가게 될 것이다. 그때는 지금 내 아이가 준 사랑을 기억하고 싶다. 한시도 떨어지지 않으려 했던 행동, 엄마가 세상에서 제일 예쁘다고 했던 말, 표정, 몸짓을 잘 기억해두고 싶다. 나는 그토록 무조건적인 사랑을 받았던 '엄마'다.

'엄마도 나를 이렇게 키웠겠구나.' 육아를 통해 나는 기억 저편에 묻힌 내 어린 시절을 복원했다. 나의 어린 시절에는 나를 향한 엄마의 사랑이 가득했다. 칼릴 지브란은 엄마를 "엄마는 인류가 입술로 표현할 수 있는 가장 아름다운 단어다"라고 표현했다. 내가 누군가를 진정으로 사랑하게 되었다면 그것은 엄마가 되었기 때문이다. 내가 나를 있는 그대로 받아들이게 되었다면 그것도 바로 엄마가 되었기 때문이다. 그래서 엄마라는 말은 언제 들어도 눈물이 나는 감동적인 말이다. 내가 받은 가장 큰 축복은 엄마가 된 것이다. 지금 내가 있는 '엄마'라는 자리는 바로 나의 꽃자리였다.

나부터 행복해야 한다

"이제부터 고생 시작이야."

출산을 앞둔 내가 가장 많이 들었던 말이다. 아니 출산은 더 행복해지기 위한 선택인데, 왜 사람들은 자꾸만 고생을 예고하는 것일까? 그렇다면 결혼과 출산을 선택한 나는 과연 행복할까? 우울의 늪에서 허우적대는 시간 동안 나는 깨달은 것이 있다. 행복은 그리 먼 곳에 있는 것이 아니라는 것이다. 내가 터득한 행복의 비결은 예상 외로 아주 간단하고 쉬웠다.

첫째, 행복은 가정법이 아니다.

행복하기 위해서 어떠한 조건이 필요할까? 우리는 흔히 '내가 만약

~했다면 행복할 텐데'라고 말한다. 늘 행복은 가정법으로 쓰인다. 흔히들 공부를 더 잘하거나 유명해지면 더 행복해지리라 생각한다. 하지만 2018년 한 신문 기사에 따르면 서울대 재학생 2명 중 1명꼴로 우울증을 겪는다고 한다. 그렇다면 재능을 펼치고 유명해지면 모두가 행복할까? 연예인들이 우울증으로 자살하는 사건은 끊이지 않는다. 우리나라의 자살률은 OECD 회원국 중 가장 높다. 홍성남 신부의 《나는 생각보다 괜찮은 사람》에서는 행복에 대해 이렇게 말한다.

"행복이란 일시적인 감정과는 다르다. 진정한 행복은 일시적인 것이 아니라 마치 강바닥을 유유히 흐르는 물줄기와 같다."

나는 실패의 아이콘이었다. 한때는 마치 누군가가 나의 성공을 막아서는 듯했다. '아, 나는 안 되는구나'라고 생각하기도 했다. 하지만 실패의 이면에는 내가 진짜 찾아야 하는 것이 있었다. 내 마음 깊이 잠자고 있던 꿈을 깨워 준 것은 실패의 경험들이었다. 삶에서는 정해진 행복의 정의 따위는 없다. '행복하기 위해서는 ~해야 한다'는 당위성을 빼버릴 때 오히려 우리는 진정한 행복을 느낄 수 있다. 행복은 '만약에'가 아닌 '그럼에도 불구하고'이다.

둘째, 행복을 채우기 위해서는 비워야 한다.

요즘은 미니멀리즘이 대세다. 무언가를 채우기만 한 삶에서 하나하나 비우는 즐거움을 느끼는 사람이 많다. 나는 의도치 않게 내가 가진 모든 것이 사라지는 체험을 한 적이 있다. 뒤늦게 들어간 교육대학원을 마치고 친 고시에서 떨어진 직후였다. 나는 얼마 없는 돈을 탈탈 털어서 혼자 베트남으로 떠났다. 첫날 하노이 시내 구경을 마치고, 둘째 날부터는 하롱베이 섬 투어를 떠났다. 배에서 멋진 섬들을 바라보며 낭만적인 2박3일을 보내고 돌아온 날, 선착장에 도착하니 배낭이 사라지고 없었다. 직원들이 선착장에 올려놓은 짐을 그새 누군가가 훔쳐 가버린 것이었다. 여권과 돈을 제외한 모든 것이 들어 있던 가방이었다. '앞으로 남은 여행을 어떻게 하지?' 내가 아끼던 옷, 신발, 책들까지 없어져 버렸다. 망쳐 버린 시험처럼 여행도 망쳤다는 생각이 들었다.

하지만 이게 웬걸. 가방이 한결 가벼워지니 오히려 여행할 맛이 났다. 게다가 새로운 것을 사서 써 보는 기쁨도 있었다. 나트랑에서는 당장 입을 옷이 없어 값싼 원피스 하나를 장만했다. 파란색이 매우 이국적인 여름 원피스였다. 입을 옷이 많았다면 결코 사지 않았을 원피스였다. 하지만 나는 그 원피스를 3년 뒤 신혼 여행지에서도 입었다.

마치 이 파란 원피스처럼 우리는 내게 진짜 필요한 것이 무엇인지 잘 모른다. 특히 물건들이 꽉 차 있으면 더욱더 그렇다. 정말 내게 맞는 어떤 것을 담으려면 내게 불필요한 것들은 과감히 버릴 줄 알아야 한다. 마음도 마찬가지다. 나는 낡은 생각과 후회를 버리고 새로운 희망과 기쁜 감정을 가득 담아 왔다. 그리고 채용된 학교에서 즐겁게 교직생활을 했다. 소크라테스(Socrates)는 이렇게 말했다.

"아무것도 바라지 않을 때가 최고의 행복이다. 극히 작은 것밖에 바라지 않을 때가 그 다음 가는 행복이다."

그간 우리는 너무 많은 것들을 소유하느라 행복하지 못했던 것은 아닐까?

셋째, 행복은 결심하고 그렇게 사는 것이다.

행복의 비결을 안다고 당장 행복해진다면 얼마나 좋을까? 해답은 많은 사람이 이미 알고 있다. 그러나 아는 것과 그렇게 사는 것은 천지 차다.

나는 결혼을 하면, 혹은 엄마가 되면 더 행복해지리라 생각했다. 하지만 행복의 조건은 결혼이 아니었다. 혹은 엄마가 되는 것도 아니었다. 통계청의 〈생활시간 조사〉에 따르면 영유아 자녀가 없는 여성은 '가족 돌보기'에 평균 1시간7분을 쓰지만, 아이가 있으면 3시간28분을 쏟는다고 한다. 아이가 있으면 아이에게 쓰는 시간이 3배 이상으로 늘어난다. 대신 줄어드는 시간은 '교제 및 여가 활동'이다. 즉, 나를 위한 여가 대신 아이를 돌보는 것이 현실이다. 게다가 육아란 매일 반복되는 단조로운 일이다. 아이는 무럭무럭 크고, 유치원에서 대학교까지 성장과 변화를 반복하는 동안 엄마의 하루는 변함이 없다. 가전제품이 업그레이드되면서 내 삶의 질도 조금은 업그레이드되는 듯하다.

하지만 자녀교육, 청소와 밥, 그 외 모든 집안일을 해야 하는 엄마의 임무는 절대 변하지 않는다. 그러다 보니 자연스레 나만 고인 물에 갇혀 있다는 생각으로 불행해지곤 한다. '내가 이러려고 그토록 치열하게 살았나?'

하지만 억울한 생각은 억울한 환경만 부를 뿐이다. 삶을 변화시키려면 내 마음부터 변해야 한다. 지금 억울하고 불행하다면 즉시 마음에 고인 불행의 물을 퍼내야 한다. '그럼에도 불구하고' 나부터 행복해지기로 결심해야 한다.

"대부분의 사람은 자신들이 행복해지려고 결심한 만큼 꼭 그만큼만 행복해진다."

에이브러햄 링컨(Abraham Lincoln)이 한 말이다. 현실 속에는 여전히 내가 행복하지 않을 이유가 차고 넘친다. 하지만 마음을 바꿔 지금 여기서 흐르는 행복의 물결을 느껴 본다면 머지않아 마음의 평화가 찾아온다. 에크하르트 톨레(Eckhart Tolle)는 이렇게 말했다.

"행복은 우리가 긍정적인 것이라고 인식하는 조건에 따르지만, 내면의 평화는 그렇지 않습니다."

내면의 평화는 조건에 기인하지 않는다. 바꿔 말하면 원하기만 한다면 평화롭고 행복할 수 있다는 뜻이다.

행복은 미래를 가정하거나 과거를 가정하면 저 멀리 도망갈 뿐이다. 행복은 언제나 현재 진행형이다. 지금 잠깐 책을 덮고 '그럼에도 불구하고' 오늘 내가 행복할 수 있는 이유 10가지를 적어 보자. 나부터 하겠다.

1. 무더위의 끝을 알리는 가을바람
2. 질 좋은 스피커에서 들려오는 80년대 음악
3. 보물들이 많이 있는 집 앞 중고서점
4. 아이의 자지러지는 웃음소리
5. 어제 직구한 스타벅스 헤이즐넛 시럽을 살짝 뿌린 아이스 아메리카노
6. 아이가 어린이집으로 간 두 시간의 여유, 지금 머리를 쥐어짜며 글을 쓰는 시간
7. 아이를 데리러 가는 길, 아이를 데리고 집으로 오는 길
8. 저녁식사 후에 걸려 오는 엄마 아빠의 전화 속 목소리
9. 아빠와 아들의 격투기 시합 관람 (나는 참여하지 않는다는 조건으로)
10. 세 가족이 모두 모여 치맥을 즐기는 저녁

아무리 생각해도 내가 행복하지 못할 이유보다 행복할 이유가 많은 것 같다.

행복을 미리 정의하지 말자. 그리고 행복해지기 위해 무조건 채우려고 하지 말자. 대신 현재에 집중하고 내 마음을 꽉 채우고 있는 것들을 하나씩 비워보자. 아리스토텔레스는 이렇게 말했다.

"행복은 우리 자신에게 달려 있다."

행복은 누군가가 주는 것이 아닌, 나의 온전한 선택이다. 자, 이제 한 뼘 더 행복해지기로 하자. 기억하자. 행복은 행복해지려는 사람에게만 찾아온다는 것을.

감사는 불안을 잠재운다

"이거 진짜 힘들게 구한 거야."

위로 여섯 살 많은 고등학생 큰언니가 가슴팍에 무언가를 숨겨 들어왔다. 그것은 레코드판이었다. 언니가 전축에 큰 판을 올리고 바늘을 살포시 얹자 음악이 흘러나왔다. 초등학생인 나와 동생은 감탄사를 연발했다. 언니가 공부하기 위해 책상 앞에 앉으면 나는 조용히 언니 방으로 들어갔다. 그리고 바닥에 배를 맞대고 누워 전축에서 흘러나오는 음악을 감상했다.

지금 우리는 휴대폰만 있으면 전 세계 음악을 시대에 상관없이 모두 들을 수 있다. 손가락 하나만 까딱하면 수많은 음식이 20분 내로 문 앞에 도착한다. 그런데 왜 우리는 예전을 그리워하며 그때를 추억하는 것일까? 지금 훨씬 더 많은 것들을 누리고 있는데도 말이다.

최근 세계사를 다루는 TV 프로그램을 보았다. 호황기를 누리던 세계가 경제 대공황으로 요동치던 시절에 관한 이야기였다. 그 당시에 두 나라의 다른 지도자를 비교하던 교수님의 설명이 마음에 깊이 남았다. 전 세계가 경제 대공황이라는 유례없던 불황의 시대를 맞았다. 그리고 그때 극명하게 다른 두 지도자의 정책이 있었다. 그중 한 명은 독일의 독재자인 히틀러였다. 그는 모든 원인을 지난 정권 탓으로 돌렸다. 그것도 모자라 한 민족 전체를 마녀사냥하듯 궁지로 몰아 모든 책임을 돌렸다. 분노와 혐오의 정치였다. 1939년 독일 의회에서 히틀러가 연설 중에 한 말이다.

"유럽 내의 유대 종족이 말살될 것입니다."

하지만 미국의 루스벨트 대통령은 달랐다. 그는 지난 정권의 실책을 감싸고 보완하는 정책을 펼쳤다. 대통령 취임사에서 루스벨트 대통령은 이렇게 말했다.

"미국은 아직도 감사할 것이 많은 나라입니다."

그는 잃은 것보다는 가진 것에 집중하고, 함께 나아가기 위한 정책을 펼쳤다. 그것이 바로 뉴딜정책이다. 같은 상황을 어떻게 바라보느냐에 따라 우리의 삶은 너무나 달라진다. 내게 일어나는 일을 자꾸만 부정하고, 누군가를 탓하기만 하면 결국 다치는 것은 내 마음이다. 부정적인 생각은 내 삶을 갉아먹지만, 긍정적인 생각은 내 삶을 살린다. 긍정의 기운을 불러일으키기에 가장 좋은 방법은 지금 일어나는 일에 감사하는 것이다. 감사라는 스위치를 켜면 컴컴한 내 마음에 긍정의 빛이 들어온다. 지금 내게 감사할 거리가 하나도 없다고 생각할지 모른다. 눈 씻고 찾아봐도 감사할 거리 하나가 없다고 말할 지도 모른다. 나도 한때 그랬다.

"요즘 엄마가 많이 아프셔. 엄마가 아프고 보니 내가 너무 당연하게 누려왔던 것들이 참 감사한 것 같아."

친구 JS와 나눈 마지막 메시지였다. 그녀는 내 첫 직장의 선배이자 동료였다. 우리는 동갑에다 성격이 비슷해서 서로를 잘 이해했다. 그녀는 언제나 나의 든든한 아군이 되어 주었다. 언젠가부터 그녀와의 연락이 끊겼다. 문자를 보내도 답도 없었다. 카톡으로 나눈 그녀와의 마지막 대화가 왠지 모르게 마음에 걸렸다.

"몰랐어요? 갑작스런 병으로 세상을 떠났대요."

예전 회사 동료로부터 그녀의 부고를 듣게 되었다. 이런 일이 어떻게 일어날 수 있지? 마치 꿈만 같았다. '이렇게 빨리 떠날 줄이야. 아이를 두고 어떻게 눈을 감았을까?' 그녀는 갑작스런 병으로 초등학생이 된 딸과 남편을 남겨 두고 세상을 떠났다. 나에게는 투병 생활을 숨기느라 엄마가 아프다고 둘러댄 것이었다.

그녀가 떠난 후 나는 일상 속에서 틈틈이 그녀를 떠올렸다. 그리고 그녀가 남긴 마지막 한마디를 유언처럼 내 가슴에 새겼다. '내가 너무 당연하게 누려왔던 것들이 참 감사한 것 같아.' 내가 불평하던 오늘, 내가 부족하다고 여겼던 소유물들, 늘 빠듯한 시간, 이 모든 것들은 사실 내게 주어진 선물이라는 것을 깨달았다. 그후로 나는 새로운 습관이 하나 생겼다. 매일 밤 감사기도를 드리기 시작한 것이다.

"오늘 날씨가 맑아 놀이터에서 한참 놀 수 있어서 감사합니다. 할아버지, 할머니가 우리 곁에 건강하게 살아계셔서 감사합니다. 아빠가 열심히 일할 수 있는 건강을 주셔서 감사합니다."

감사기도는 내 삶을 참 많이 바꾸었다. 불평만 많던 나도 마흔이 되어서야 삶은 그 자체로 감사한 것임을 알게 되었다. 내 친구는 이 아름다운 진실을 선명하게 알려 주었다. 자, 이제 일상 속에서 꾸준히 감사하는 힘을 기르는 몇 가지 팁을 소개할까 한다.

첫째, 감사일기를 쓰자. 세 줄이면 된다.

아주 짧고 간단하게라도 좋으니 감사일기를 적어 보자. 감사일기는 거창할 필요가 없다. 하루 동안 기쁘거나 감사했던 일을 골라 간단히 기록한다. 감사일기는 대표적인 긍정 훈련법이다. 감사의 근육을 키우는 일이다. 긍정 심리학의 창시자 마틴 셀리그만(Martin Seligman)이 우울증 환자를 대상으로 감사일기를 쓰게 하는 실험을 했더니, 환자들 증세가 호전되고 행복감을 더 많이 느끼는 결과가 나왔다고 한다.

감사일기를 꾸준히 쓰고 있는 오프라 윈프리(Oprah Gaile Winfrey)는 "만약 당신 앞에 나타나는 모든 것을 감사히 여긴다면 당신의 세계가 완전히 변할 것이다"라고 말했다. 더도 말고 덜도 말고 매일 세 줄만 써 보자. 당신의 세계에 놀라운 변화가 나타날 것이다.

둘째, 불안의 감정이 솟아오르면 감사하자.

부정적인 생각이 드는 순간일수록 감사해 보자. 신기하게도 긍정적인 감정이 다시 솟아날 것이다. 그것이 내가 느낀 감사하기의 묘미다. 나는 남편이 쉬는 날에 매우 민감하다. 일주일에 한 번인 남편 쉬는 날에 맞춰 아이와의 계획을 세우기 때문이다. 남편이 간혹 '이번 주에는 못 쉴 것 같아'라고 말하는 순간엔 화가 나기도 한다. '이렇게 아빠와의 시간이 없어도 괜찮을까?' 걱정과 불안이 올라온다. 이럴 때 내가 생각한 해법은 감사하는 것이었다.

"예정된 계획은 취소했지만, 아이는 집 앞 놀이터에서 실컷 놀았고, 먹고 싶어 하던 옛날 돈가스도 먹었어요. 못 읽어준 책도 실컷 읽어 주었어요. 피곤한지 아이는 일찍 잠들었어요. 그 이후에 나만의 시간이 생겼지요. 그리고 미안했던 남편은 다음 날 더 많이 아이와 놀아 주었습니다. 이 모든 것이 정말 감사합니다."

'화가 날 만한 상황에 감사하다니……. 내가 도인도 아닌데…….'

맞다. 절대 쉽지 않다. 하지만 모든 일에는 양면이 있다. 어떠한 상황에서든 감사한 면을 찾는 것이 나에게 이롭다. 내가 처한 순간을 긍정하면 모든 일이 다시 제자리를 찾아간다. 자, 지금 내가 가장 힘들어 하는 일이 무엇인가? 그 일에 감사의 힘을 불어넣어 보자. 어쩌면 내가 계획한 것보다 더 좋은 결과가 기다릴지 모른다.

셋째, 마음이 흠뻑 젖을 만큼 충분히 감사하자.

유난히 비가 많이 내리던 날이었다. '딩동' 기다리던 택배가 도착했다. 어린이집에 입고 갈 아이의 한복이었다. 택배 기사님이 젖은 택배를 건네주셨다. '감사합니다'라는 말을 하고 나서 집에 들어와 보니 택배 상자가 흠뻑 젖어 있었다. '아니 이게 뭐람.' 나는 원망스러운 마음이 들었다. 급히 택배 상자를 열어 보았다. 다행히 옷은 젖지 않았다. 순간 아까 그 택배 기사님의 흠뻑 젖은 옷이 생각났다. '비가 오는데 택배 상자들을 끌고 오면서 얼마나 고생했을까?' 마음으로 나는 그분께 깊은 미안함과 감사함을 느꼈다. 나는 입으로는 감사하다고 말했지만, 속마음은 달랐던 것이다.

감사는 입이 아닌 마음으로 하는 것이다. 감사하는 마음에 내 몸과 마음을 충분히 적셔 보자. 그런 순간 감사의 기쁨에 휩싸이고, 그 기쁨이 내 삶을 꽃피게 할 것이다.

결혼하는 순간 그간 살아온 방식의 지각변동이 생겼다. 아이를 낳으면서는 완전히 내가 살아온 판이 바뀌었다. 나는 그 변화를 어떻게 받아들일 것인가? 나는 이 상황에 감사하기로 했다. 사실 나는 그동안 엄마라는 학교에서 진짜 자존감을 찾았고, 나를 사랑하는 법을 알았다. 짧은 기간 얻은 꽤 큰 수확이었다. 그럼에도 불구하고 감사할 일들은 도처에 있다.

"찾아오는 모든 것에 감사하는 습관을 기르자. 그리고 끊임없이 고맙다고 말하자. 모든 것이 자신의 발전에 기여한다. 그렇기 때문에 모든 것에 감사해야만 한다."

초월주의로 유명한 미국의 철학자이자 시인인 랄프 왈도 에머슨(Ralph Waldo Emerson)이 한 말이다. 모든 일은 나의 발전에 기여한다. 그래서 우리는 감사할 수 있다. 감사는 미래에 대한 걱정과 불안을 잠재우고, 현재에 집중하게 만든다. 삶을 더 풍요롭게 하는 연료다. 지금 우리는 어느 쪽을 바라보고 있는가? 그것은 오직 우리의 선택에 달려 있다.

'감사합니다'라고 외쳐 보자. 그리고 이 말의 힘을 진정으로 믿어 보자. 감사의 힘은 우리가 예상하는 것보다 훨씬 더 강력하다. 지금 우리는 선택의 갈림길에 서 있다. 지금 일어나는 일을 감사할 것이냐, 불평할 것이냐. 당신은 어느 쪽을 바라볼 것인가? 기억하자. 나의 선택에 따라 내 삶은 확연히 차이가 날 것이라는 사실을.

꿈에게 미안해 하지 말기로 해

"딱 내 스타일이야."

작년 겨울이었다. 우연히 라이프코칭을 하는 어떤 분의 블로그를 보았다. 그녀가 취미로 그린 그림에 곁들인 글들이 내 마음을 끌었다. 여유가 묻어나는 글과 그림, 그리고 그녀의 삶에 대한 소신이 엿보였다. 문득 그녀와 대화를 나누고 싶다는 생각이 들었다.

요즘은 조금만 찾아보면 만나고 싶은 사람들과 쉽게 닿을 수 있다. 찾아보니 포털 사이트의 온라인 상담 신청을 통해 전화상담도 가능했다. 나는 선뜻 상담을 신청했다. 이미 해가 저문 저녁시간이었다. 30분 후 그녀의 전화가 걸려 왔다. 그때부터 나의 아무 말 대잔치가 시작되었다. 대략 이런 이야기였던 것 같다. '한 해가 저물어 가는데 아무것도 한 것이 없다는 느낌이 들어 나를 우울하게 한다. 하지만 더 우울한 것은 다음 해에도 올해와 같을 것이다.' 내 이야기를 다 듣고 난 후 그녀는 내게 물었다.

"그럼 내년에는 어떻게 살고 싶어요?"

한동안 머뭇거리다가 나는 '에라 모르겠다' 하는 심정으로 이야기를 꺼냈다.

"음……. 그림도 꾸준히 배워 보고 싶고요, 글도 쓰고 싶고요, 나만의 창작활동을 하면서 누군가에게 좋은 영향력도 미칠 수 있는 그런 사람이 되고 싶어요. 하하하."

나는 말을 하면서도 쥐구멍이 있으면 숨고 싶은 심정이었다. 손발이 오글거려 헛웃음을 몇 번이고 지었다. 여태껏 여유롭던 그녀의 태도가 돌변했다. 아주 심각해졌다.

"제가 이상하게 느낀 것이 하나 있어요. 유독 자신의 꿈에 대해 말할 때 많이 웃으세요. 제가 듣기에는 '네가 그걸 할 수 있겠어?'라고 말하고 있는 것 같아요."

그녀는 천천히 말을 이어나갔다.

"저는 민지 씨의 꿈에 감동받았어요. 그런데 민지 씨는 어때요? 자신의 꿈에 감동하나요?"

"저는 사실 엄마가 된 이후에도 꿈을 버리지 못하는지 모르겠어요."

나의 대답에 이어 그녀가 말했다.

"그야 간단하죠. 진작 이루어야 할 꿈을 이루지 못했으니까요."

'네가 뭐라고 그걸 해?', '자기 하고 싶은 거 다 하면서 사는 사람은 없어', '너는 또 좌절할 거야. 차라리 지금에 만족해.' 이 목소리의 주인공은 부모님일까? 남편일까? 아니면 친구일까? 아니다. 그것은 나의 목소리였다. 내가 사는 세상은 나의 무의식을 닮아 있었다. 그동안 혼자 육아를 하면서 느꼈던 답답함은 외로움 때문만은 아니었다. 그 외로움 밑에 있는 열정도 한몫했다. 그것은 이루지 못한 꿈에 대한 열정이었다.

어떤 잡지에서 사람들이 잃어버린 물건을 찾는 데 6년이 걸린다는 기사를 본 적이 있다. 사실 '우리는 물건을 잃어버린 것이 아니다. 물건에는 발이 달리지 않았다. 우리는 물건을 둔 장소를 잊었을 뿐이다. 꿈도 마찬가지다. 꿈을 잊었을 뿐이다. 그래서 우리는 잊었던 꿈을 기억해내는 데 온 생애를 바친다.

사실 인간에게는 모두 꿈이 있었다. 우리가 꿈을 기억해 내기 어려운 이유는 꿈이 직업에만 한정되어 있었기 때문이다. 직업은 꿈을 이루기 위한 목표에 불과하다. 꿈의 정의를 조금 달리 한다면 누구나 꿈꿀 수 있고, 꿈을 이룰 수도 있다. 예를 들어, 내 꿈이 엄마였다면 나는 이미 꿈을 이루었다. 하지만 내 꿈은 엄마가 아니다. 나는 '자신의 삶을 멋지게 사는' 엄마가 꿈이다. 자, 이제 잊었던 꿈을 기억해야 한다. 꿈을 잊지 않는 유일한 방법은 꿈을 이루려고 노력하는 것이다.

"자신을 진정으로 사랑하기 위해서는 자신의 능력으로 무엇인가에 최선의 노력을 다해야 한다."

니체의 말처럼 자신을 사랑한다면 내가 가진 능력으로 최선의 노력을 기울여야 한다. 나는 뒷전이면서 타인만 챙기는 희생은 어쩌면 자신으로부터의 회피일 수 있다. 나이가 들었다는 이유로, 엄마가 되었다는 이유로, 직업이 있다는 이유로 꿈을 잊어서는 안 된다. 살아 있다면 우리는 이루지 못한 자신의 꿈을 이루어 줄 책임이 있다. 엄마도 마찬가지다. 그렇다면 어떻게 꿈을 이룰 수 있을까? 꿈이라는 것이 막막하기만 했던 내게 다음 세 가지 방법은 큰 도움이 되었다.

첫째, 꿈이 무엇인지 기억해 내야 한다.

나는, 꿈은 DNA에 새겨진 것이라고 믿는다. 꿈은 내가 태어났을 때부터 내 마음 안에 있었다. 앞에서도 말했듯 단순히 직업을 뜻하는 것이 아니다. 직업은 꿈을 이루어 주는 좋은 수단이 될 수 있다. 돌이켜 보면 나는 직업을 통해서만 꿈을 이루려고 했다. 나는 한때 선생님이 되기를 꿈꿨다. 그런데 돌이켜 보면 선생님이 꿈이 아니라, 선생님이라는 직업을 통해 누군가에게 좋은 영향을 미치고 싶었던 것이었다. 그러니 직업은 언제든 바뀔 수 있다. 하지만 꿈은 바뀌지 않는다. 꿈을 찾는 일은 내 몸 안에 새겨져 있는 DNA를 발견하는 일이다. 그래서 꿈을 찾는 일은 의외로 간단하다.

내 마음이 기쁘고 설레는가? 내 몸이 아무리 힘들어도 자석처럼 다시 끌리는가? 이 두 질문에 yes라고 대답한다면 그것이 내 꿈이라는 증거다.

둘째, 스스로 꿈에 감동하자.

《갈매기의 꿈》에서 주인공 갈매기 조나단은 먹고사는 데에만 집착하는 갈매기들의 삶에 회의를 느낀다. 그는 더 높이 날아오르고 싶은 갈망을 느낀다. 조나단은 친구들에게 말한다.

"우리는 더 높이 날 수가 있어. 그리고 우리는 더 멀리 바라볼 수도 있어."

그러나 가족과 친구들은 그를 비웃는다. 하지만 조나단은 자신의 꿈을 의심하지 않는다. 결국 자신이 속한 사회를 떠나 비상을 위한 노력을 계속한다.

"결코 소망은, 그 소망을 이룰 능력이 함께 주어지지 않은 채 그냥 주어지지 않습니다."

이 책의 저자 리처드 바크(Richard Bach)의 말이다. 꿈은 그 꿈을 이룰 잠재력을 지녔기에 꾸는 것이라고 그는 말한다. 그렇다면 나는 내가 꾸는 꿈에 감격하고 칭찬해 주어야 한다. "와. 이게 네 꿈이라고? 대단해!"라고 말이다. 꿈을 꾼다면 그 꿈을 이룰 능력도 이미 주어져 있다. 하지만 내가 그 꿈을 비웃으면 결코 그 능력을 발휘할 수 없다. 나부터 나의 꿈에 격렬하게 감동해야 한다.

셋째, 꿈을 이루는 마지막 1도는 어제와 같은 루틴이다.

꿈을 찾고, 꿈에 감동했다면 이제는 꿈을 이룰 루틴을 만들어야 한다. 꾸준히 꿈을 이루는 루틴을 매일 조금씩이라도 반복한다면 못 이룰 꿈은 없다. 피겨여왕 김연아 선수는 이렇게 말했다.

"99도까지 열심히 온도를 올려놓아도 마지막 1도를 넘기지 못하면 영원히 물이 끓지 않는다. 물을 끓이는 건 마지막 1도, 포기하고 싶은 바로 그 1분을 참아내는 것이다."

우리는 일상을 살아야 한다. 일상에는 엄마라는 나의 역할이 있다. 워킹맘이라면 매일 가야 할 나의 직장도 있다. 꿈만 꿀 수는 없다. 하지만 매일 내 꿈을 위한 시간을 낼 수는 있다. 하루에 한 시간이라도 꾸준히 나의 꿈을 위해 쓰는 것이 중요하다. 마지막 1도를 높이는 것은 어제와 같은 오늘의 노력이다.

'2014 소치 동계올림픽' 피겨 스케이팅 여자 싱글에서 무결점 연기를 펼쳤지만, 금메달은 김연아 선수가 아닌 러시아 선수에게 돌아갔다. 하지만 경기 종료 후 김연아 선수는 이렇게 말했다.

"내가 할 수 있는 건 다했다. 만족스럽다."

우리의 꿈은 금메달이 아니다. 그것은 꿈을 향한 목표에 불과하다. 진짜 꿈은 내 인생에 최선을 다하는 것, 그리고 나의 삶에 만족하는 것이다. 나를 사랑하는 최선의 방법은 내 DNA에 새겨진 꿈에 가깝게 사는 것이다.

"오랫동안 꿈을 그리는 사람은 마침내 그 꿈을 닮아간다."

앙드레 말로(Andre Malraux)의 말이다. 꿈은 내 안에 오래도록 자리하고 있었다. 하지만 꿈을 기억해 내고, 꿈을 위해 매일 노력하지 않으면 꿈과는 점점 거리가 멀어진다. 하지만 매일 꿈을 그리고 노력하는 사람은 꿈과 점점 가까워진다.

자, 지금 고요히 앉아 잊었던 꿈을 기억해 내자. 그리고 나의 꿈을 응원하자. 마지막으로 매일 0.00000001도만큼의 노력을 기울이자. 꿈은 곧 나이고, 나는 곧 꿈이다. 기억하자. 나를 사랑한다면 결코 내 꿈에게 더는 미안해 하지 말아야 한다.

삶의 핵심은 '살아감'

'철썩철썩.'

이른 새벽, 홀로 바다를 걸었던 적이 있다. 가까이에서 바라본 바다의 물결은 어찌나 매서운지, 사정없이 내 발을 집어삼키려 들었다. 나는 걸음을 멈췄다. 그리고 고개를 들어 바다의 지평선 너머를 바라보았다. 그러자 내 눈앞에 참으로 놀라운 광경이 펼쳐졌다. 햇살에 반짝이는 완벽하게 평화로운 바다가 보였다. 순식간에 내 마음도 달라졌다. 답답하던 마음은 탁 트인 바다의 평온함으로 물들었다. 내가 한 일은 그저 나의 시선을 변경한 것뿐인데 말이다.

우리의 삶도 바다와 참 비슷하다. 남들 보기엔 별 탈 없어 보이는 삶도 자세히 들여다보면 사실 바람 잘 날 없는 인생이다. '가까이에서 보면 비극, 멀리서 보면 희극'이라 하지 않던가. 지금 온통 나를 뒤흔드는 일도 시간이라는 물결을 타면 하나의 추억이 될 뿐이다. 그러니까 인생도 바다처럼 한 발 떨어져 전체를 볼 줄 알아야 한다. 답답한 마음에 갈피를 잡지 못한다면 나의 시선을 저 멀리 보낼 줄 알아야 한다. 그래서 나는 종종 긴 세월을 지혜롭게 살아낸 또 다른 삶으로 내 시선을 변경하곤 한다.

"예쁜 그림을 좋아합니다. 예쁘지 않다면 뭐 하러 그림을 그리겠어요?"

모지스 할머니의 그림은 하나같이 예쁘다. 그녀는 미국의 국민 할머니로 꼽힌다. 그녀의 100번째 생일에는 '모지스 할머니의 날'로 지정되기도 했으니, 그녀의 인기는 두말할 필요가 없다. 그녀의 그림을 보면 근심과 어두움을 찾아보기 어렵다. 행복하고 평화로운 정경이 끝도 없이 펼쳐진다. 과연 그녀의 삶도 그녀의 그림을 닮았을까?

사실 그녀는 그림을 제대로 배워본 적이 없다. 열두 살이 되던 해부터 남의 집 식모살이를 시작했으니 말이다. 그때부터 그녀는 생계를 위해 손에서 일을 놓은 적이 없었다. 결혼을 해서 열 명의 자녀를 낳았으나 그중 다섯을 잃기도 했다. 하지만 그녀는 이렇게 이야기한다.

"물론 나에게도 시련이 있긴 했지만, 그저 훌훌 털어 버렸지요. 나는 시련을 잊는 법을 터득했고, 결국 다 잘될 거라는 믿음을 가지려

노력했습니다."

나는 그제야 그녀의 그림이 그토록 예쁜 이유를 알았다. 그녀에게는 마법의 안경이 있었다. 그 안경을 쓰면 모질고 험난한 장면도 아름다운 장면으로 바뀌었다. 무려 100년을 사는 동안 왜 아픈 일이 없었을까? 하지만 그녀는 훌훌 털어 내고 일어나는 법을 알았다.

요즘 팬이 된 또 한 명의 할머니가 있다. 바로 밀라논나(밀라노의 할머니)다. 70세의 나이인 밀라논나는 멋쟁이 인기 유튜버다. 사실 그녀는 멋에 관해서라면 일가견이 있다. 밀라노에서 유학한 최초의 한국인, 유명 백화점의 패션 담당 바이어 등의 화려한 이력이 있으니 말이다. 하지만 그녀가 말하는 '멋'은 어떻게 입는지가 아니라, 어떻게 사느냐에 달려 있다. 즉, 자신답게 즐겁게 사는 것이 진짜 멋이다. 그래서 그녀는 지금도 매일 이 축제 같은 삶을 어떻게 더 재미있게 놀지 고민한다고 한다. 하지만 그녀의 삶이 늘 축제처럼 즐겁기만 했던 것은 아니다. 젊어서는 일하랴, 아이 둘 키우랴 전쟁 같은 삶을 살았다. 게다가 큰아들의 갑작스러운 뇌수술, 그리고 당시 자신이 근무하던 삼풍백화점이 붕괴하여 하루아침에 수많은 지인을 잃어버린 슬픈 사건도 있었다. 그러나 그녀는 그러한 사건들을 삶의 전환점으로 받아들였다. 그리고 화려한 세상의 뒤편을 바라보기 시작했다. 그후로 지금까지 도움이 필요한 사람들을 챙기고 돌보는 일을 지속해왔다.

"내가 할 수 있는 일을 찾아서 열심히 실행하는 것. 내가 할 수 있는 일은 고작 요것뿐. 그래서 서글프지만, 우두커니 바라보는 것보단 낫겠지."

그녀는 시대의 한계, 주부라는 한계, 나이라는 한계를 탓하는 데 그치지 않았다. 대신 그 속에서 자신이 할 수 있는 일을 찾아 열심히 하기로 했다. 그리고 진짜 멋진 삶을 살고 있다.

모지스와 밀라논나, 나는 두 할머니에게 공통점이 있다는 것을 알았다. 그것은 바로 삶을 바라보는 태도였다. 나쁜 일도 훌훌 털고 일어나 내가 할 수 있는 일을 찾아서 하는 것, 그것이 그들의 삶을 빛나게 만드는 삶의 비결이었다. 하지만 모지스 할머니의 말처럼 시련을 '훌훌 터는 일'이 결코 쉬운 일은 아니다. 나는 작은 일에도 전전긍긍하고, 닥치지 않은 일에도 미리 걱정하던 사람이었다. 하지만 엄마가 되어서 깨달았다. 여태껏 이런 내 나쁜 삶의 습관이 얼마나 나를 힘들게 만들었는지를 말이다. 그래서 나는 훌훌 털기를 실습 중이다.

가장 좋은 방법은 판단하지 않는 것이다. '저 사람은 왜 그럴까?' 혹은 '왜 이런 일이 생겼을까?' 이런 판단 습관들을 버려야 한다. 물론 평생 길들여진 판단 습관을 통째로 드러내기는 어렵다. 그럴 때 나는 하나의 이미지를 떠올린다. 바로 컴퓨터의 휴지통 비우기다. 컴퓨터 바탕화면의 작은 휴지통 모양을 떠올린다. 그리고 그 휴지통에 담긴 휴지들을 비워낸다. '클릭' 한 번으로 내 머릿속 휴지통에 있는 쓰레기들도 영원히 삭제된다. 이 이미지를 반복적으로 떠올려 보면 많은 도움이 된다. 과거를 판단하면 후회, 현재를 판단하면 불만, 미래를 판단하면 걱정일 뿐이다. 정작 내 삶에 필요한 판단은 많지 않다. 그 외의 불필요한 판단 습관은 미련 없이 버리자. 그래야 내게 주어진 이 축제 같은 삶을 거침없이 살아갈 수가 있다.

인생은 하나의 거대한 퍼즐과 같다. 제아무리 뛰어난 사람이라도 한 번에 퍼즐을 완성할 수는 없다. 차례차례 하나의 퍼즐, 그리고 또 하나의 퍼즐을 맞춰 갈 뿐이다. 때로는 맞추고 보니 엉뚱한 그림이 나와 다시 처음으로 돌아가야 할 수도 있다. 때로는 하나의 조각이 맞춰지지 않아 몇 날 며칠을 끙끙 앓을지도 모른다. 어떻든 간에 인생이라는 퍼즐 맞추기에 불변의 공식은 다음과 같다. '포기하지 않는다면 누구나 완성할 수 있다!' 속도나 기술은 중요하지 않다. 그저 한 번에 하나씩 내 방식대로 맞춰 나가면 된다. 그러니 남들보다 잘하려고 너무 애쓸 필요는 없다.

"우리의 운명은 겨울철 과일나무와 같다. 그 나뭇가지에 다시 푸른 잎이 나고 꽃이 필 것 같지 않아도, 우리는 그것을 꿈꾸고 그렇게 될 것을 잘 알고 있다."

괴테의 말처럼 도무지 필 것 같지 않은 꽃도 결국 피게 되리라는 것을 우리는 안다. 왜냐고? 오늘도 우리는 한 걸음 살아냈기 때문이다.

살아가는 일만큼 위대한 일이 또 있을까? 갓 태어난 아이를 목욕시킬 때였다. 아이는 물에 빠지지 않기 위해 발발 떨며 나의 손가락을 꼭 쥐고 있었다. 말도 못 하고, 앞도 안 보이고, 자신의 의지로는 걸을 수도 없지만 있는 힘껏 내 팔에 매달렸다. 그저 살아 있기 위해 온 힘을 다해 발버둥 치고 있었다. 나는 여지껏 그토록 위대한 생명의 힘을 느껴본 적이 없었다. 이처럼 우리는 태어나면서부터 그저 살기 위해 온 힘을 쏟는다. 나는 갓난아기의 생명력을 보면서 느꼈다. 인간에게 '살아가는 것'은 그 자체로 위대한 일이라는 것을.

만약 지금 고통 속에 허덕이고 있다면 딱 오늘 하루만 살자. 그리고 또 하루를 더 사는 것이다. 지금 일어나는 일에 대한 판단을 휴지통에 비우자. 그리고 오늘 내가 맞출 퍼즐을 찾아 맞추자. 잊지 말자! 한 번에 하나씩이면 충분하다. 삶의 핵심은 바로 '살아감'에 있다. 내 삶을 살아가는 것보다 더 중요한 일은 없다. 고개를 들어 보자. 그리고 조금은 멀찍이 떨어져 내 인생을 바라보자. 시선을 변경해 내 삶 전체를 본다면 오늘 내가 해줄 단 한 마디는 또렷해진다. 바로 이 말이다.

"La vita è bella"

"나의 인생은 참 아름답구나!"

이 말 외에 더 적절한 말은 앞으로도 찾지 못할 듯싶다.

■ 나가는 글

Ah la vita(아, 인생이여). Più bello della vita non c'è niente(이 삶보다 더 아름다운 것은 없다네). E forse tanta gente Non lo sa non lo sa non lo sa(아마 많은 사람들은 이것을 모를 테지).

Ah la vita(아, 인생이여). Che cosa di più vero esiste al mondo(이보다 더 진실된 것이 세상에 존재하겠는가). E non ce ne accorgiamo Quasi mai quasi mai quasi mai(우리는 그것을 쉽게 깨닫지 못하네).

때로는 나도 모르는 마음을 노래가 대신 표현해 주기도 한다. 나는 〈펜텀싱어〉라는 음악 경연 프로그램에 나온 la vita(인생이여!)라는 노래를 참 좋아한다. 가끔은 일부러 이 노래를 크게 틀어 놓고 눈물을 펑펑 흘리곤 한다.

힘들다고 해도, 막막하다고 해도 삶은 참 아름답다. 삶은 저 깊은 바다 위를 항해하는 일과 비슷하다. 항해를 통해 물결이 높을 때는 기다릴 줄 알아야 하고, 물결이 낮을 때는 노를 저어야 한다는 것을 배운다. 그리고 이 긴 항해를 지속하는 힘은 '나에 대한 사랑'이다. 나를 믿고 사랑한다면 파도는 그저 지나갈 뿐이다. 다시 바람은 멈추고 햇살은 바다 위를 비출 것이다.

'아 결제해? 말어?'

'한 달에 8만 원이면 키즈카페를 두세 번은 갈 수 있는데…….'

결제창 앞에서 한참을 망설이고 있었다. 원어민과 하는 전화 영어 수업료를 결제할 것인가, 말 것인가를 두고 며칠을 고민했다. 내 전화 영어 선생님은 Jully, 그녀는 내게 물었다.

"민지! 내가 너를 어떻게 부르면 될까? 혹시 영어 이름이 있어?"

"응, 있어. Kate. 아이들은 나를 Kate Teacher라고 불렀지."

"와. 예쁜 이름이구나. 좋아. Kate. 오늘은 네가 언제 행복한지 내게 말해 주겠어?"

25분의 수업 시간이 흘렀다. 첫 번째로 무엇을 하면 행복한지 생각하느라 신났고, 두 번째로 그것을 영어로 말하며 더 신이 났다. 수업을 마친 후 Jully는 내게 말했다.

"처음 민지라는 이름의 너는 많이 소극적이었지만 Kate가 되면서부터 더 자연스럽고 적극적으로 변했어. 수업 마지막에는 정말 행복한 목소리였어."

처음에는 걱정이 많았다. 아침부터 아이를 방치하는 것은 아닐까? 남편의 잠을 깨우는 것은 아닐까? 하지만 시작하고 나니 그런 것들은 전혀 문제가 되지 않았다. 아이와 남편은 곧 적응하기 시작했다. 엄마가 아닌 Kate가 되는 시간, 나를 위한 첫 시도는 나름 성공적이었다.

엄마가 되면 다른 누군가를 위해 쓰는 시간이 훨씬 많아진다. 누가 시킨 것도 아니지만, 그렇게 해야만 내 마음도 편하다. 하지만 엄마라고 해서 자신을 소외시켜서는 안 된다.

'나를 사랑해야지. 자, 시작!'이라고 말한다고 나를 사랑할 수 있는 것은 아니었다. 살아오던 대로 살아가는 게 편했다. '뭣이 중한디?' 영화 대사처럼 스스로 던지는 우선 순위에 대한 질문은 계속되었다. 때로는 죄책감이, 때로는 억울한 마음이 나를 다시 휘저어 놓고는 했다. 그럴 때는 내가 우주에서 최고의 찌질한 엄마가 되었다. 아이의 마음도, 내 마음도 잘 챙기지 못하는 것 같았다. 이것저것 시도하느라 돈과 시간만 쓰는 것이 아닌지 의심이 들기도 했다. 하지만 계속 생각하고 바라는 일은 현실에 나타난다고 하지 않았던가. 나도 그런 경험을 하는 중이라는 믿음이 생겼다. 어느덧 나는 이 책의 마지막 페이지를 쓰고 있으니 말이다.

사실 책을 쓰는 동안 내 내면의 목소리가 나를 괴롭혔다. '과연 나는 자격이 있는 사람인가?' 이 질문이 떠오를 때면 나는 더 글에 매달렸다. 매일 매일 글을 쓰면서 햇살에 내 마음의 구정물을 날려 버렸다. 그러자 바짝 마른 마음처럼 나에게도 치유라는 것이 일어났다. 진실한 마음으로 쓰는 글은 곧 치유였다. 나는 그 질문에 대한 해답을 얻었다. 바로 '자격'이란 애초에 존재하지 않는다는 것이다. 우리는 그 누구도 자격으로 살아가지 않는다. 나의 자격을 증명할 이유도 없다.

프랑스의 수학자이자 과학자인 블레즈 파스칼(Blaise Pascal)은 "모두가 중요한 존재다. 누구보다 더 중요한 사람은 존재하지 않는다"라고 말했다. 그의 말처럼 우리는 존재로 태어났고, 그저 존재만으로 살아간다. 글을 쓰는 동안, 이 진실은 선명하게 내 마음에 와 닿았다. 그리고 내가 하고 싶은 가장 중요한 한마디를 찾았다. '당신도 당신만의 이야기를 써 내려갈 수 있는 충분한 사람이라는 것.'

남보다 뛰어날 것 없는 내가 책을 쓴다는 것 자체가 기적 같은 일이다. 엄마가 되지 않았으면 나는 이런 용기를 내지 못했을 것이다. 독박 육아, 경력 단절이라는 사막에 던져지지 않았다면 나는 평생 나의 목소리를 들을 수 없었을 것이다. 그리고 이렇게 끈질기게 글을 쓰지도 않았을 것이다. 엄마는 나도 몰랐던 나의 목소리를 찾기에 딱 좋은 시간이다. 그래서 삶은 참 신비롭다.

지금 처한 환경 때문에 힘들 수 있다. 지금 내 마음이 너무 우울해 도저히 헤어 나오지 못할 수도 있다. 예전의 나처럼 말이다. 하지만 모두 당신 삶의 의미를 발견하기 위한 통로일 뿐이라는 말을 믿을 수 있을까? 그 길을 지나고 나면 당신 안에 숨어 있던 해묵은 언어가 고개를 들 것이다. 그 언어를 듣기 위해 지금 이 시간이 필요할 뿐이다.

 이 책은 그동안 나를 사랑하지 못했던 내가 나를 사랑하는 기쁨을 알게 된 짧은 여정에 대한 이야기다. 내가 깨달은 나를 사랑하는 방법은 아주 간단한 것들이었다. 그것은 바로 내게 긍정적인 언어를 사용하는 것이다. 판단하는 것은 멈추고 흘러가게 내버려 두는 것이다. 물론 뼈 때리는 충고도 할 줄 알아야 한다. 하지만 대체로 자신을 편안하게 해줘야 한다. 그리고 나를 사랑하는 것이 무엇인지 질문하고 답할 줄 알아야 한다.
 엄마라는 이름으로 내 마음을 너무 조이지 말자. 너무 조여진 마음은 아이도, 나도 괴롭다. 조금은 느슨한, 조금은 여유로운 엄마가 되자. 아이도 나도 지금 그대로 충분한 존재다.

 "네가 너의 별을 따라가는 한, 영광스런 항구에 실패 없이 도달할 수 있으리라."
 단테의 신곡에서 나온 말이다. 어찌 나의 별을 따라가는 동안 실패가 없겠는가? 단테는 아마도 실패도 곧 별을 따라가는 길 중 하나라는 것을 알았던 것이 아닐까? 나의 별을 따라가는 일이 쉬운 일은 아니다. 그래도 나를 사랑한다면 우리는 그 별을 찾고, 그 별을 따라갈 것이다. 그리고 파도와 파도를 넘어 결국 아름다운 항구에 도착할 것이다. 나를 사랑하는 기쁨, 그 여정은 이제 막 시작되었다.

   ps. 내가 당연하게 여겼던 모든 것들이 사실은 당연하지 않았다는 것을 엄마가 되고나서야 알았습니다. 사랑의 다른 이름, 엄마, 아빠, 사랑하고 감사합니다. 나의 꿈을 지지해 준 남편에게 감사합니다. 그리고 언제나 나에게 빛을 주는 가족, 친구들, 그리고 책을 쓰기까지 무한 응원해주신 아레테 가족들에게 특별히 감사합니다.
   나의 보물 1호 YJ에게, 가슴속에 멋진 엄마로 기억되기를 바라며.